Zona de Compromisso

FUNDAÇÃO EDITORA DA UNESP

Presidente do Conselho Curador
Herman Jacobus Cornelis Voorwald

Diretor-Presidente
José Castilho Marques Neto

Editor-Executivo
Jézio Hernani Bomfim Gutierre

Conselho Editorial Acadêmico
Alberto Tsuyoshi Ikeda
Célia Aparecida Ferreira Tolentino
Eda Maria Góes
Elisabeth Criscuolo Urbinati
Ildeberto Muniz de Almeida
Luiz Gonzaga Marchezan
Nilson Ghirardello
Paulo César Corrêa Borges
Sérgio Vicente Motta
Vicente Pleitez

Editores-Assistentes
Anderson Nobara
Henrique Zanardi
Jorge Pereira Filho

PERRY ANDERSON

ZONA DE COMPROMISSO

———

TRADUÇÃO DE
RAUL FIKER

Copyright © 1992 by Verso
Título original em inglês: *A Zone of Engagement*.

Copyright © 1995 da tradução brasileira:
Editora UNESP da Fundação para o Desenvolvimento
da Universidade Estadual Paulista (FUNDUNESP).

Praça da Sé, 108
01001-900 – São Paulo – SP
Tel.: (0xx11) 3242-7171
Fax: (0xx11) 3242-7172
www.editoraunesp.com.br
www.livrariaunesp.com.br
feu@editora.unesp.br

Dados Internacionais de Catalogação na Publicação (CIP)
(Câmara Brasileira do Livro, SP, Brasil)

Anderson, Perry
  Zona de compromisso / Perry Anderson; tradução Raul
Fiker. – São Paulo: Editora da Universidade Estadual
Paulista, 1996. – (Ariadne)

Título original: A Zone of Engagement.

ISBN 85-7139-115-7

1. História – Filosofia I. Título. II. Série.

96-1512   CDD-901

Índice para catálogo sistemático:
1. História: Filosofia 901

Editora afiliada:

Asociación de Editoriales Universitarias
de América Latina y el Caribe

Associação Brasileira de
Editoras Universitárias

NOTA DO EDITOR

O texto original desta obra, *A Zone of Engagement*, publicado pela editora Verso, Londres, em 1992, inclui outros ensaios, alguns já publicados em português. Para esta edição, selecionou-se, de comum acordo com os detentores dos direitos, os que guardam maior afinidade entre si e os que têm maior interesse para a atualidade brasileira.

SUMÁRIO

1 As afinidades de Norberto Bobbio   9

2 Investigação noturna: Carlo Ginzburg   67

3 Max Weber e Ernest Gellner:
   ciência, política, encantamento   99

4 Fernand Braudel e a identidade nacional   135

1

AS AFINIDADES DE NORBERTO BOBBIO

No início de 1848, com poucas semanas de intervalo, dois textos antitéticos foram publicados em Londres, às vésperas da revolução europeia. Um era *O manifesto comunista*, de Karl Marx e Friedrich Engels. O outro era *Princípios de economia política*, de John Stuart Mill. O primeiro fazia a famosa declaração de que o espectro do comunismo rondava a Europa e que logo se apossaria dela. O segundo, usando o mesmo imaginário com uma confiança um pouco menor, mas no sentido oposto, descartava experiências socialistas como pouco mais que quimeras que nunca poderiam tomar forma na realidade como substitutos viáveis para a propriedade privada.[1] A antítese ocasiona pouca surpresa para nós atualmente. Liberalismo e socialismo há muito vêm sendo convencionalmente compreendidos como tradições intelectuais e políticas antagônicas, e com boas razões, em virtude tanto da aparente incompatibilidade de seus pontos de partida teóricos – individual e social, respectivamente –

---

1 *Principles of Political Economy*, London, 1848, v.I, p.255. O julgamento de Mill referia-se especificamente a esquemas saint-simonianos, os quais – segundo explicava – ele via como a forma mais séria de socialismo. Em sua autobiografia, ele usou a mesma expressão para sua concepção inicial de qualquer socialismo, que poderia apenas ser "considerado quimérico": *Autobiography,* London, 1873, p.231.

como do histórico real de conflito, frequentemente mortal, entre os partidos e movimentos por eles inspirados. Entretanto, nos próprios primórdios desta pendência histórica, ocorreu um estranho curto-circuito na trajetória do próprio Mill. Os levantes dos pobres urbanos nas principais capitais da Europa, e as sangrentas batalhas que se lhes seguiram, despertaram uma calorosa solidariedade em Harriet Taylor, o objeto de suas afeições. Ele se dispôs a estudar com uma mente recém-arejada doutrinas de propriedade comum e logo – na verdade, na mesma obra, *Princípios de economia política*, em sua edição revista de 1849 – declarou que as concepções dos socialistas eram coletivamente "um dos mais preciosos elementos de aperfeiçoamento humano atualmente em existência".[2] Raramente um julgamento político fundamental inverteu-se tão rápida e radicalmente. Daí em diante, Mill sempre considerou-se liberal e socialista, como ele colocou em sua *Autobiografia*: "O problema social do futuro que consideramos agora será como unir a maior liberdade de ação com uma propriedade comum das matérias primas do globo, e uma igual participação de todos em todos os benefícios do trabalho combinado".[3] Ele defendeu a Comuna de Paris e morreu enquanto trabalhava num livro sobre o socialismo, que, ele esperava, seria mais importante do que seu estudo do Governo Representativo.

---

2 *Principles of Political Economy*, London, 1849, v.I, p.266. Entre as diversas versões de socialismo, Mill decidira que o fourierismo era a variante mais engenhosa e prática, opinião que manteve até o fim da vida. Sobre a diferença entre a primeira e a segunda edições de sua obra, Mill escreveu mais tarde: "Na primeira edição as dificuldades do socialismo foram colocadas tão enfaticamente que o tom era no todo de oposição a ele. No par de anos que se seguiram, muito tempo foi dedicado ao estudo dos melhores autores socialistas do Continente, e à meditação e discussão de toda a gama de tópicos envolvida na controvérsia: e o resultado foi que a maior parte do que fora escrito sobre o assunto na primeira edição foi cancelada, e substituída por argumentos e reflexões de um caráter mais avançado" (*Autobiography*, p.234-5).
3 P.232.

A evolução de Mill, embora surpreendente, poderia ser considerada idiossincrática ou isolada. Mas não foi. Ela deveria ter uma notável sucessão. O mais famoso filósofo da Inglaterra depois de Mill repetiu o mesmo movimento. Em 1895, Bertrand Russell escreveu o primeiro estudo em língua inglesa sobre a democracia social alemã, o partido principal da Segunda Internacional, depois de uma viagem de estudos a Berlim. Embora decididamente simpático às metas mais moderadas do SPD, "o ponto de vista a partir do qual escrevi o livro" – ele observou setenta anos mais tarde – "era o de um liberal ortodoxo".[4] Naquela época, Russell desaprovava o que ele chamava a "democracia sem limites" do Programa Erfurt do partido e temia o que ele achava que seriam "as experiências tolas e desastradas" que poderiam se seguir, se não houvesse modificações no sentido de respeitar as "desigualdades naturais".[5] No decorrer de outras duas décadas, também ele mudara de ideia, total e permanentemente. Foi a Primeira Guerra Mundial que transformou sua perspectiva, como 1848 transformara a de Mill. A obra que ele havia planejado escrever em conjunto com D. H. Lawrence, *Principles of Social Reconstruction*, que apareceu em 1916, se continha ataques cáusticos contra o Estado, a propriedade privada e a guerra, foi ainda considerada insuficientemente intransigente por Lawrence, na época clamando por uma "revolução" que levaria a cabo "a nacionalização de todas as indústrias e meios de comunicação e da terra – de um só golpe".[6] Mas o livro seguinte de Russell, *Proposed Roads to Freedom*, escrito durante sua prisão por agitação contra a guerra, era uma discussão abrangente do marxismo, do anarquismo e do sindicalismo que colocava o socialismo corporativo como "o melhor sistema praticável" – a forma de propriedade comum que ele acreditava mais condizente

---

4 *German Social-Democracy*, London, 1965 (reedição), p.v.
5 Ibid., p.141-3, 170.
6 Ronald Clark, *The Life of Bertrand Russell*, London, 1975, p.263.

com as liberdades individuais, bem como contra os perigos de um Estado demasiado poderoso.[7]

Um outro eminente contemporâneo que fez a mesma transição foi o economista J. A. Hobson. Mais conhecido por seu trabalho *Imperialism*, utilizado e criticado por Lenin em seu próprio trabalho posterior sobre o mesmo tema, Hobson era um liberal inglês convicto quando o publicou em 1902. Também no seu caso, foi a Primeira Guerra Mundial que alterou seu caminho. Em 1917, ele estava realmente atacando a democracia social da Europa ocidental a partir da esquerda, ao escrever que "A debandada patriótica do socialismo em todos os países no verão de 1914 é o mais convincente testemunho que poderia ser dado de sua inadequação à tarefa de derrotar o capitalismo".[8] Depois da guerra, Hobson dedicou todas as suas energias ao desenvolvimento de uma teoria da economia socialista que combinaria as exigências estruturais da produção padronizada para as necessidades básicas com as condições setoriais para a liberdade pessoal e a inovação técnica. O economista do subconsumo, cuja influência Keynes reconheceu em *The General Theory*, encontrava-se entrementes escrevendo um livro intitulado *From Capitalism to Socialism*.[9]

Os Estados Unidos fornecem um exemplo final. Ali também, a principal mente filosófica do país, John Dewey, um firme e franco liberal em sua longa carreira, traçou a mesma curva. Em seu caso, não foi a Primeira Guerra Mundial,[10] mas a Grande Depressão que o levou a enérgicas

---

7 *Proposed Roads to Freedom*, London, 1919, p.xi-xii, 211-2: "A propriedade comum da terra e do capital que constitui a doutrina característica do socialismo e comunismo anárquico é um passo necessário na direção da eliminação dos males dos quais o mundo sofre no presente e da criação de uma sociedade tal como todo homem humano deve desejar ver realizada".
8 *The Fight for Democracy*, Manchester, 1917, p.9.
9 A discussão de Hobson das razões para e dos limites da socialização dos meios de produção tem um surpreendente tom moderno; ver *From Capitalism to Socialism*, London, 1932, p.32-48.
10 Dewey, após se opor inicialmente à entrada dos Estados Unidos na

conclusões. Em seu livro *Liberalism and Social Action*, publicado em 1935, Dewey – notando a ausência histórica na América do momento benthamita, em oposição ao momento lockeano do que ele entendia ser a herança liberal histórica – denunciava sem rodeios as ortodoxias do *laissez-faire* como "apologéticas para o regime econômico existente", que mascaravam suas "brutalidades e iniquidades". Ele prosseguia, escrevendo no auge do *New Deal*: "O controle dos meios de produção pelos poucos em possessão legal opera como uma força inerte de coerção da maioria" – coerção esta, reforçada por violência física, "especialmente recorrente" nos EUA, onde, em tempos de potencial mudança social, "nosso culto verbal e sentimental da Constituição, com suas garantias das liberdades civis de expressão, publicação e reunião, vai prontamente janela afora". Dewey via apenas uma resolução histórica para a tradição que ele continuava a defender: "A causa do liberalismo estará perdida", declarou ele, "se não estiver preparada para socializar as forças produtivas atualmente disponíveis", mesmo – se necessário – recorrendo à "força inteligente" para "subjugar e desarmar a minoria recalcitrante". As metas do liberalismo clássico requeriam agora a realização do socialismo. Pois "a economia socializada é o meio do desenvolvimento do indivíduo livre".[11]

Guerra, uniu-se a Wilson em 1917 – contra o amargo protesto de pupilos devotados como Randolph Bourne. As conjecturas de seu *German Philosophy and Politics* (1915) lembram em muitos aspectos as do antitético *Reflexões de um apolítico* (1918), de Thomas Mann, pelo outro lado. Nele, Dewey, recorrendo aos famosos presságios de Heine, procurava ligar o idealismo alemão ao militarismo alemão – em oposição a um experimentalismo americano próprio à democracia dos EUA. Este *Kulturpatriotismus* era, em certa medida, criticado pelo repúdio a que Dewey chegava de toda a "filosofia de soberania nacional isolada" e sua reivindicação da criação de uma legislação internacional além dela. Nos anos 20, as numerosas viagens de Dewey fora da América contribuíram substancialmente para a ampliação de suas simpatias políticas.

11 *Liberalism and Social Action*, in: John Dewey, *The Later Works, 1925-1953*, v.XI, Carbondale-Edwardsville, Illinois, 1987, p.22, 46; 61-3.

É oportuno recordar hoje estes ilustres exemplos, pois, após um intervalo considerável, estamos assistindo a uma significativa nova gama de tentativas de sintetização das tradições liberal e socialista. A obra tardia de C. B. Macpherson, particularmente *The Life and Times of Liberal Democracy*, vem imediatamente à lembrança. A ambiguidade deliberada de *A Theory of Justice* de John Rawls pode ser — como o foi por alguns — lida como estabelecendo fundamentos filosóficos para um projeto semelhante. Mais explícito é Robert Dahl, recentemente defensor não apenas do pluralismo político, como também da democracia econômica. Uma geração mais jovem de autores anglo-americanos produziu uma série de obras, diferentes em índole e propósito, mas comparáveis em inspiração política: *Models of Democracy*, de David Held e *Politics of Socialism*, de John Dunn na Inglaterra, *On Democracy*, de Joshua Cohen & Joel Rogers e *Capitalism and Democracy*, de Samuel Bowles & Herbert Gintis nos EUA. Na França, Pierre Rosanvallon, entre outros, procurando resgatar as tradições liberais para a Segunda Esquerda, propôs uma reconsideração da moderna relevância não só de Tocqueville, mas também de Guizot.[12]

Bobbio: antecedentes, carreira

No atual panorama, há uma figura de notável significado político e moral, o filósofo italiano Norberto Bobbio. Embora talvez o mais influente teórico político de seu

---

12 Observem-se os agrupamentos das datas: John Rawls, *A Theory of Justice*, Cambridge, Mass., 1971; C. B. Macpherson, *The Life and Times of Liberal Democracy*, Oxford, 1977 – então: Joshua Cohen e Joel Rogers, *On Democracy*, New York, 1983; John Dunn, *The Politics of Socialism,* Cambridge, 1984; Robert Dahl, *A Preface to Economic Democracy*, Berkeley, 1985; Pierre Rosanvallon, *Le Moment Guizot*, Paris, 1985; Samuel Bowles e Herbert Gintis, *Democracy and Capitalism*, New York, 1986; David Held, *Models of Democracy*, Cambridge, 1987.

próprio país, com uma ampla audiência também na Espanha e na América Latina, Bobbio tem sido até aqui relativamente pouco conhecido no mundo anglo-saxão. É de esperar que a recente tradução para o inglês de duas de suas principais obras – *Which Socialism?* e *The Future of Democracy* – alterem esta situação.[13] Qualquer reflexão sobre as relações entre liberalismo e socialismo deve recorrer centralmente à *oeuvre* de Bobbio. Para que isto seja compreendido, contudo, é preciso que algo seja dito sobre a experiência de vida por trás dela.

Norberto Bobbio nasceu em 1909 no Piemonte e foi criado no que ele descreveu como um "meio burguês-patriótico", entre "aqueles que resistiram ao fascismo e aqueles que a ele tinham aderido". Ele inicialmente caiu sob a influência de Gentile, filósofo do regime, e não repudiou a ordem de Mussolini desde o princípio.[14] Sua formação inicial foi em filosofia política e jurisprudência na Universidade de Turim, entre 1928 e 1931. Naquela época, ele lembra, os nomes Marx e marxismo eram desconhecidos na sala de

---

13 Polity Press, London, 1987; ambos com excelente introdução de Richard Bellamy. O editor e o organizador devem ser parabenizados pelo lançamento dos livros. Bellamy discute Bobbio ulteriormente em seu *Modern Italian Social Theory*, London, 1987, p.141-56. As edições originais italianas são *Quale socialismo?*, Torino, 1976 e *Il futuro della democrazia*, Torino, 1983. A tradução inglesa do primeiro inclui outros ensaios não presentes no original italiano. As referências às duas edições inglesas serão doravante abreviadas *WS* e *FD*; as traduções foram às vezes modificadas. A *oeuvre* completa de Bobbio é enorme. Carlo Violi, *Norberto Bobbio: A Critical Bibliography*, Milano, 1984, publicado em homenagem às comemorações de seus 75 anos, contém mais de 650 itens – que não passam de cerca de 60% de sua produção. Muito de sua obra está no campo dos estudos jurídicos e será muito pouco mencionada na sequência. Eu gostaria de agradecer a Fernando Quesada e seus colegas no Instituto de Filosofia de Madrid, cujo seminário sobre modernos teóricos da democracia em 1986 originariamente estimulou a reflexão sobre Bobbio.

14 "Cultura vecchia e politica nuova", in: *Politica e Cultura*, Torino, 1955, p.198.

aula – menos oficialmente proibidos do que vistos como intelectualmente mortos e enterrados – e a perspectiva do próprio Bobbio foi em grande parte formada pelo historicismo de Croce, como as de muitos de sua geração. Na mesma época, seu professor de filosofia jurídica, Gioele Solari, procurava desenvolver um "idealismo social" também inspirado por Hegel, mas de simpatia política mais progressista do que a doutrina croceana. No devido curso, depois de trabalhar no doutorado com a fenomenologia alemã, Bobbio chegou em meados dos anos 30 a fazer parte de um meio intelectual turinês de convicção fortemente liberal – descendendo diretamente da memória de Piero Gobetti. Esse ambiente originou o núcleo piemontês da Giustizia e Libertà, a organização antifascista fundada pelos irmãos Rosselli na França. Quando a rede caiu numa batida policial em 1935, Bobbio foi preso por um breve período como simpatizante. Depois de solto, ele lecionou nas universidades de Camerino e Siena antes da Segunda Guerra Mundial. Ali, ele aderiu ao movimento Liberal-Socialista formado em 1937 por Guido Calogero e Aldo Capitini, dois filósofos da Escola Normal de Pisa. Em 1940, mudou-se para a Universidade de Pádua, que iria tornar-se o coração da Resistência no Vêneto. No outono de 1942, ajudou a fundar o Partito d'Azione, o braço político da Resistência no qual convergiram Giustizia e Libertà e o movimento Liberal-Socialista. Membro do Comitê de Libertação Nacional no Vêneto, Bobbio foi preso uma segunda vez pelo regime de Mussolini em dezembro de 1943 e foi libertado três meses mais tarde.[15]

No ano seguinte, enquanto os combates ainda eram intensos no norte da Itália, Bobbio publicou uma curta obra polêmica intitulada *A filosofia do decadentismo* – um estudo

---

15 Ver *Italia civile, ritrati e testimonianze*, Firenze, 1986 (reedição), p.70-1, 95-6, 170, 276-7; *Italia fedele. Il mondo de Gobetti*, Firenze, 1986, p.157-58; *Maestri e compagni*, Firenze, 1984, p.191. Esses três livros de "retratos e testemunhos" contêm muitos dos escritos mais pessoais de Bobbio.

do existencialismo.[16] Esse texto, uma denúncia veemente do aristocratismo e do individualismo de Heidegger e Jaspers, em nome de um humanismo democrático e social, deixa claro o impacto sobre ele do movimento operário que constituía a força principal da Resistência no norte. Bobbio explicaria mais tarde: "Nós abandonamos o decadentismo, que era a expressão ideológica de uma classe em declínio, porque estávamos participando dos esforços e esperanças de uma nova classe". "Estou convencido", prosseguia ele, "de que se não tivéssemos aprendido com o marxismo a ver a história do ponto de vista dos oprimidos, ganhando assim uma nova e imensa perspectiva do mundo humano, não teria havido salvação para nós."[17] Assim falando, Bobbio estava descrevendo uma ampla reação entre a plêiade de intelectuais mais jovens que havia se agrupado no Partito d'Azione. Ele próprio era "um dos que acreditavam na doravante irresistível força do Partido Comunista"[18] e vislumbravam uma ação comum entre trabalhadores e intelectuais para uma reforma radical das estruturas do Estado italiano.

A meta confessa destes militantes do Partito d'Azione era precisamente realizar uma síntese de liberalismo e socialismo. Como desde há muito ambos eram objeto das imprecações fascistas, parecia lógico a muitos de seus pensadores vindicá-los juntos. A seu ver, esta seria a vocação específica do Partito d'Azione, distinguindo-o dos partidos tradicionais da classe trabalhadora. Após a Libertação, porém, a despeito de seu notável papel militar durante a Resistência e de seus ricos dotes intelectuais, o partido não conseguiu conquistar uma posição duradoura na cena política italiana. Depois de três anos, ele desapareceu. Ninguém descreveu melhor as razões para sua dissolução final do que o próprio Bobbio, que – uma década depois – escreveu: "Tínhamos posições morais claras e firmes, mas nossas

---

16 Uma tradução inglesa foi publicada pela Oxford University Press em 1948.
17 "Libertà e potere", in: *Politica e Cultura*, p.281.
18 *Politica e Cultura*, p.199.

posições políticas eram sutis e dialéticas – e portanto móveis e instáveis, continuamente em busca de uma inserção na vida política italiana. Mas permanecemos desenraizados na sociedade italiana daqueles anos. Para quem deveríamos nos voltar? Moralistas acima de tudo, defendíamos uma renovação completa da vida política italiana, começando com seus costumes. Mas pensávamos que para uma tal renovação não havia necessidade de uma revolução. Fomos consequentemente rejeitados pela burguesia, que não queria renovação, e pela maior parte do proletariado, que não queria renunciar à revolução. Fomos então deixados *tête-à-tête* com a pequena burguesia, que era a classe menos indicada para seguir-nos – e não fomos seguidos. Na verdade, era um espetáculo um tanto doloroso ver-nos – os *enfants terribles* da cultura italiana – largados junto às camadas mais tímidas e frágeis da sociedade, mentes em movimento perpétuo tentando fazer contato com as mentalidades mais preguiçosas e murchas, provocadores de escândalo propondo cumplicidade aos mais tímidos e conformistas dos cidadãos, esses superintransigentes moralistas pregando para especialistas em conciliações. Durante todo o período em que o Partito d'Azione – líderes sem um exército – estava ativo como um movimento político, a pequena burguesia italiana – um exército sem líderes – era indiferentista. Pode-se imaginar se um casamento entre os dois era exequível".[19]

Esta avaliação – severa e cáustica – da experiência do Partito d'Azione reflete, sem dúvida, o estado de espírito no qual Bobbio, depois da autodissolução do partido em 1947, retirou-se do envolvimento político direto e assumiu

---

19 "Inchiesta sul Partito d'Azione", *Il Ponte*, VII, n.8, agosto de 1951, p.906. Paradoxalmente, o julgamento retrospectivo de Togliatti sobre o partido, em resposta ao mesmo questionário, era menos severo – pois ele pôde escrever: "Essencialmente, havia apenas duas grandes correntes de resistência e luta eficaz e duradoura contra a tirania fascista: uma era liderada por nós, comunistas, a outra, pelo movimento Ação, e não chega a ser certo que a nossa foi sempre e em todo lugar a mais forte". *Il Ponte*, VII, n.7, julho de 1951, p.770.

uma cadeira de filosofia jurídica na Universidade de Turim. Embora dedicando-se principalmente ao trabalho em sua área acadêmica, não se restringiu a isto, pois, nos anos seguintes, escreveu uma série de artigos eloquentes criticando a polarização da vida política e intelectual italiana durante o auge da guerra fria. Neles, polida mas incisivamente, discordava tanto da ideologia do comunismo oficial como da do anticomunismo, do Congresso para a Liberdade Cultural (desde sua fundação) e dos Partidários da Paz. Seu principal interlocutor, contudo, era o PCI. Bobbio tinha o intuito de dissuadi-lo da lealdade incondicional ao Estado soviético, o qual ele incluía – "sem se escandalizar com o fato, na medida em que a meu ver isto refletia uma dura necessidade histórica" – entre os regimes totalitários;[20] e persuadi-lo da importância permanente de instituições políticas liberais como as existentes no Ocidente. É difícil pensar em muitos outros autores na Europa que alcançaram um tom comparável de civilidade e equanimidade naquela época.[21] O efeito dessas intervenções foi marginal até após a morte de Stalin, quando as mudanças na Rússia começaram a afrouxar um pouco os espartilhos ideológicos do movimento comunista italiano. Foi então que Bobbio publicou, em 1954, um artigo intitulado "Democracia e ditadura", que teve um resultado mais significativo. Seu tema era uma crítica serena, mas severa, das concepções marxistas tradicionais destes dois termos, insistindo na subestimação histórica pelo marxismo do valor das heranças liberais da separação e limitação de poderes, prevendo contudo que o PCI evoluiria para uma maior compreensão e aceitação delas, "essencial para sua coabitação com o mundo ocidental", nos anos por vir.[22]

---

20 *Politica e Cultura*, p.48 – um volume que inclui as principais intervenções deste período: "Invito al colloquio", "Politica culturale e politica della cultura", "Difesa della libertà", "Pace e propaganda di pace", "Libertà dell'arte e politica culturale". "Inteletualli e vita politica in Italia", "Spirito critico e impotenza politica".
21 Tanto Russell como Dewey perderam a cabeça no início da guerra fria.
22 *Politica e Cultura*, p.149,

Estas colocações provocaram uma longa resposta do principal filósofo comunista da época, Galvano Della Volpe, que criticou Bobbio por regredir às posições do liberalismo moderado de Benjamin Constant no início do século XIX, alegando que o marxismo era por contraste o herdeiro da tradição democrática mais radical de Jean-Jacques Rousseau, teórico de uma *libertas maior* contra a *libertas minor* de Constant. Bobbio, por sua vez, replicou a Della Volpe com um ensaio muito mais extenso que seu artigo original, "Sobre a liberdade moderna comparada com a da posteridade", em que desenvolvia seu argumento e, num tom amigável, porém firme, estimulava os comunistas a tomarem cuidado com um "progressismo demasiado ardente" que arriscava sacrificar as conquistas de uma democracia liberal existente para a instauração de uma futura ditadura do proletariado em nome de uma democracia ulterior aperfeiçoada. O peso desta segunda intervenção foi tal que o próprio Palmiro Togliatti achou ser necessário responder aos seus argumentos, sob um pseudônimo na *Rinascita*.[23] Em sua tréplica aos contra-argumentos de Togliatti, Bobbio concluía com um credo e evocação autobiográficos. Sem um profundo compromisso com o marxismo depois da Libertação, escreveu ele, "nós teríamos ou buscado refúgio na vida interior, ou nos colocado a serviço dos patrões. Mas, entre aqueles que se salvaram destes dois destinos, havia apenas uns poucos de nós que preservaram uma pequena bagagem na qual, antes de nos lançarmos ao mar, depositamos em custódia os frutos mais salutares da tradição intelectual europeia, o valor da pesquisa, o fermento da dúvida, uma disposição para o diálogo, um espírito crítico, moderação de julgamento, escrúpulo filológico, um sentido da complexidade das coisas. Muitos, demasiados, desvencilha-

---

23 *Politica e Cultura*, p.194; o título da réplica de Bobbio era, é claro, uma retomada deliberadamente irônica do famoso ensaio de Constant de 1818, "De la Liberté des Anciens Comparée à celle des Modernes".

ram-se desta bagagem: ou a abandonaram, considerando-a um peso inútil; ou nunca a possuíram, lançando-se às águas antes de terem tempo de adquiri-la. Não os reprovo; mas prefiro a companhia dos outros. Na verdade, suspeito que esta companhia está destinada a crescer, conforme os anos trouxerem sabedoria e os eventos lançarem nova luz sobre as coisas".[24]

A calma confiança da frase final iria se provar justificada, ainda que apenas a longo prazo – como, sem dúvida, Bobbio pretendia. A curto prazo, o episódio de seu debate com Della Volpe e Togliatti teve repercussão pouco importante na cultura política italiana, permanecendo relativamente negligenciado pelos vinte anos seguintes. Não se tratava de um prelúdio a qualquer maior audiência imediata para Bobbio, que continuou a trabalhar essencialmente dentro da universidade. Em 1964, o Partido Democrata Cristão, no poder, estabeleceu uma coalizão com o Partido Socialista Italiano pela primeira vez, pois este rompera seus vínculos com o Partido Comunista. Por seis anos, a Itália foi governada pela fórmula do assim chamado Centro-Esquerda. Bem mais tarde, Bobbio descreveria esta experiência como, para melhor ou pior, "o momento mais feliz do desenvolvimento político italiano" no período do pós-guerra.[25] Pode-se indagar se Bobbio realmente sentia tanto entusiasmo na época pelos governos sem brilho daqueles anos. Mas uma coisa é certa. Em 1968, Bobbio pela primeira vez ingressou no recentemente formado Partido Socialista Unitário – uma reunificação do PSI de Nenni e do PSDI Social Democrata de Saragat. O que se seguiu? Um maciço levante popular irrompeu nas universidades e fábricas do país – o famoso 1968-1969 italiano. A votação do recém-unificado PSU – ao invés de aumentar – caiu precipitadamente. As classes médias italianas, atemorizadas diante da nova militância estudantil e operária, deslocou-se para a direita e o centro-

---

24 *Politica e Cultura*, p.281-2.
25 "La crise permanente", *Pouvoirs*, n.18, 1981, p.6.

-esquerda rapidamente morreu. Todas as referências subsequentes de Bobbio ao 1968-1969 estão tingidas de reserva ou amargura. No nível nacional, seu cálculo político tinha sido bruscamente descartado. Ao mesmo tempo, ele tinha que enfrentar a turbulência e a desordem da rebelião estudantil em sua própria área de atividade profissional.[26] Ele não gostou da experiência mais do que a maioria de seus colegas. As assembleias estudantis da época, particularmente, parecem tê-lo chocado bastante, deixando lembranças desagradáveis que podem ser lidas nas entrelinhas da polêmica que se desenvolveu numa fase subsequente da política italiana e que iria torná-lo pela primeira vez uma figura central dos debates nacionais.

Isto ocorreu – só poderia ter ocorrido – depois do refluxo dos grandes movimentos sociais do fim dos anos 60 e início dos 70. No fim de 1973, o Partido Comunista Italiano proclamou a meta de um conúbio estratégico com a Democracia Cristã – o assim chamado Compromisso Histórico – e no ano seguinte anunciou sua conversão teórica geral aos princípios do Eurocomunismo. Vinte anos após seu debate com Togliatti, as previsões de Bobbio eram agora plenamente realizadas. Um terreno político finalmente favorável às suas teses sobre democracia e ditadura, liberalismo e marxismo havia se aberto. Tomando vantagem da oportunidade, Bobbio escreveu em 1975 dois ensaios-chave no *Mondoperaio*, a publicação teórica do Partido Socialista –: o primeiro, sobre a ausência de qualquer teoria política no marxismo; o segundo, sobre a ausência de qualquer alternativa à democracia representativa como a forma política de uma sociedade livre, com um claro alerta contra o que ele via como os perigos das ilusões em contrário no processo

---

26 Um de seus próprios filhos, além disso, era um líder da Lotta Continua, da qual mais tarde tornou-se o historiador. Ver Luigi Bobbio, *Lotta Continua – Storia di una organizzazione rivoluzionaria*, Roma, 1979, um retrospecto sério e ponderado.

revolucionário então em andamento em Portugal.[27] Desta vez, as intervenções de Bobbio despertaram um enorme interesse no público italiano e um grande número de políticos e intelectuais respondeu a elas, tanto do PCI como do PSI. Ao fim de um extenso debate, Bobbio pôde – um ano depois – congratular-se pelo consenso que ele achava poder agora discernir em torno de suas ênfases básicas. Por volta de 1976, o PCI havia renunciado formalmente ao leninismo que ele outrora criticara e estava prestes a fazer surpreendentes avanços eleitorais que ele pôde saudar. Também o PSI estava adaptando suas tradições. Com certa satisfação, Bobbio notou que o próprio Pietro Nenni estava usando os seus argumentos oficialmente da tribuna do Quadragésimo Congresso do Partido Socialista.[28] Em 1978, fortalecido por este comum prestígio, ele colaborou na elaboração do novo programa do PSI, defendendo-o contra aqueles que o taxaram de muito pouco marxista. Na esteira desta influência, Bobbio tornou-se um colunista importante de política nacional no *La stampa* – sua primeira prática jornalística regular desde a Libertação.

Aqueles foram também os anos que testemunharam a ascensão de Bettino Craxi ao ápice do Partido Socialista – inicialmente em nome de uma renovação moral e política do socialismo italiano, que estaria à frente das lutas para uma melhor democracia civil e secular na Itália. Bobbio, que como muitos outros em seu partido desconfiava da lógica corporativa do Compromisso Histórico, parece ter compartilhado das esperanças de uma reformulação libertária do PSI e de seu papel potencial numa renovação nacional. O desapontamento não tardaria. Os governos de "Solidariedade Nacional" não colheram uma safra de reformas, mas as

---

27 "Esiste una dottrina marxista dello stato?" e "Quali alternative alla democrazia representativa?" reimpressos em *Quale socialismo?* Torino, 1976, p.21-65, e agora em *WS*, p.47-84.
28 *Quale socialismo?*, p.66-8; *WS*, p.86-7.

taras do terrorismo. A instabilidade parlamentar e a corrupção não diminuíram: em 1981, Bobbio escrevia que, para o propósito de compreender as realidades da política nacional, "o mapa amarelado da Constituição Italiana" deveria ser jogado fora.[29] O PSI sob Craxi havia se tornado uma máquina crescentemente cínica e autoritária, subordinada a um culto do Líder ornamentado com uma retórica "decisionista", emprestada em parte de Carl Schmitt. Os regimes de *pentapartito* dos anos 80, agrupando DC, PSC, PSDI, republicanos e liberais numa " combinação indesejável e até então impensável do Centro-Direita com o Centro-Esquerda", eram vistos por ele como planejados para excluir qualquer alternativa mais progressista, sob veto dos EUA.[30] Hoje, a posição de Bobbio voltou a ser aquela de um *franc-tireur* mais ou menos independente, como senador vitalício nomeado por um presidente, um tipo de par honorífico italiano, consciência moral da ordem política italiana.

Caráter, posição

Tal foi, aproximadamente, o *cursus vitae* de Norberto Bobbio – uma vida que ele uma vez denominou "um contínuo, lento e difícil aprendizado: tão difícil que quase sempre deixou-me exaurido e insatisfeito, tão lento que ainda não está completo".[31] Qual é seu significado histórico específico? Dentro da linha de pensadores que procuraram

---

29 "La crise permanente", p.12. Dada a importância que Bobbio sempre atribuiu às normas constitucionais, o julgamento dificilmente poderia ser mais drástico. Vinte anos antes, ele havia sido coautor de um manual de educação cívica, expondo a Constituição para uso na escola secundária italiana: Norberto Bobbio e Franco Pierandrei, *Introduzione alla Costituzione*, Bari, 1960.
30 "Uma situação sobre a qual é inútil deitar um véu piedoso": "Introduzione", *Il sistema politico italiano tra crisi e innovazione*, Milano, 1984, p.21.
31 *Italia civile*, p. 10.

conciliar liberalismo e socialismo, Bobbio difere de seus principais predecessores em vários aspectos importantes. Um desses é simplesmente o campo de seus interesses especiais. Bobbio é um filósofo com uma ampla formação, que enfrentou a fenomenologia de Husserl e Scheler antes da guerra, o existencialismo de Heidegger e Jaspers durante a guerra, e o positivismo de Carnap e Ayer depois da guerra. Suas próprias preferências epistemológicas foram sempre empíricas e científicas – indo claramente na contramão do que ele chama "ideologia italiana", de tendência congenialmente especulativa e idealista.[32] A este respeito, ele lembra Mill, Russell ou Dewey. Diferentemente deles, contudo, Bobbio não é um filósofo original de grande estatura; menos ainda um economista, como o eram Mill e Hobson. Mas se ele não fez nenhuma contribuição comparável à lógica ou à epistemologia, à ética ou à economia, seu domínio das tradições principais do pensamento político ocidental – de Platão a Aristóteles, a Santo Tomás ou Althusius, Pufendorf e Grócio a Espinosa e Locke, Rousseau ou Madison a Burke e Hegel, Constant e de Tocqueville a Weber ou Kelsen – é maior, não só com respeito ao tempo, mas em extensão e profundidade. O domínio de Bobbio da filosofia política é sustentado por uma formação em direito constitucional e pela familiaridade com a ciência política. Um elemento deste envolvimento profissional tem uma implicação especial para o caráter da obra de Bobbio. Ele está muito mais à vontade com a história do marxismo do que qualquer um de seus predecessores imediatos. Sua facilidade filológica com as várias tradições do materialismo histórico não é uniforme. Ele conhece bem Marx como um clássico, mas se tem familiaridade com textos de Kautsky e Lenin, é de uma

---

32 *Profilo ideologico del novecento italiano*, Torino, 1986, p.3-4. Esta obra é o principal exercício de Bobbio em história intelectual: uma pesquisa brilhante, ainda que com frequência reveladoramente seletiva.

maneira mais superficial, e quando fala – por exemplo – de Gramsci, ele pode cometer erros surpreendentes. Paradoxalmente, contudo, essa limitação pode ser considerada virtualmente uma vantagem no contexto da cultura dominante da esquerda italiana até os anos 70 – uma cultura sufocada por sua referência demasiadamente exclusiva e interna ao marxismo, levando precisamente àqueles abusos do "princípio de autoridade" que Bobbio escolhera para criticar.[33] Sua bagagem de não ou pré-marxismo da qual ele falara a Togliatti manteve-o longe daquilo, da mesma forma que seu temperamento transparentemente tolerante, cético e democrático.

Uma outra diferença é que as coordenadas políticas de Bobbio são, de certo modo, mais complexas do que as de seus principais predecessores. Com efeito, ele se situa na encruzilhada de três importantes tradições em pendência. Por formação primordial e convicção, ele é um liberal. Mas o liberalismo italiano sempre foi um fenômeno à parte dentro do contexto europeu. Na Inglaterra, sua pátria de origem no século XIX, o liberalismo atingiu uma realização pura no Estado mínimo e no livre comércio da era gladstoniana; daí em diante – com sua vocação histórica cumprida – ele pouco mais tinha a fazer do que seguir rumo ao seu breve epílogo social sob Asquith e Lloyd George e sucumbir como força política. Na França, por outro lado, o liberalismo como doutrina era uma expressão da Restauração, teorizando as virtudes de uma monarquia censitária; hegemônico sob o regime orleanista, parodiado sob o Segundo Império, ele estava portanto demasiado comprometido para sobreviver ao advento de uma Terceira República, baseada em sufrágio masculino não manipulado. Na Alemanha, notoriamente, o liberalismo nacional capitulou ao conservadorismo prussiano sob Bismarck, abandonando os princípios parlamentares pela adesão ao sucesso militar contra a Áustria e, após a abdicação política, ele mergulhou na desordem

---

[33] *Quale socialismo?*, p.25; *WS*, p.51.

econômica quando o livre comércio foi ulteriormente descartado pelo Segundo Reich. Na Itália, contudo, em contraste com a Alemanha, a unificação nacional foi obtida não sobre o cadáver, mas sob a própria bandeira do liberalismo. Ademais o liberalismo que emergiu vitorioso do Risorgimento tinha uma dupla legitimidade: era tanto a ideologia constitucional dos moderados piemonteses, codificando a estrutura de seu domínio sob a monarquia, como a definição secular do Estado italiano criado contra a vontade da Igreja Católica.

Esta especificidade atuou de modo a tornar supérfluo por muito tempo o cumprimento de uma agenda liberal normal na Itália. O nome do liberalismo era tão completamente identificado com a construção da Nação e a causa do Estado estabelecido que seus principais estadistas e pensadores sentiam pouca pressão para aperfeiçoar a honestidade eleitoral ou a liberdade política. Este era o país onde o regime oligárquico e manipulador de Giovanni Giolitti, com sua grande dose de violência repressiva e corrupção cooptadora, definia-se como liberal até a Grande Guerra; onde a principal mente teórica do liberalismo econômico, Vilfredo Pareto, conclamava para um terror branco, a fim de esmagar o movimento operário e descartar a democracia parlamentar; onde o maior filósofo italiano, Benedetto Croce, paladino de seu próprio liberalismo ético, exaltou os massacres da Primeira Guerra Mundial e aprovou a investidura de Mussolini no poder. Entretanto, foram, entre outras coisas, deformações como estas que ironicamente ajudaram a preservar o vigor e o futuro do liberalismo italiano no século XX. Em nenhum país o destino do liberalismo foi tão polimorfo e paradoxal. Pois precisamente porque seus ideais clássicos foram, ao mesmo tempo, tão exaltados e caricaturados na Itália, eles mantiveram uma força normativa radical que perderam em outras partes e provariam ser capazes de entrar nos mais inesperados e combustíveis padrões em oposição à ordem estabelecida. O próprio Bobbio é um testemunho à ambiguidade deste legado. Ele trata as figuras de Giolitti e Pareto com respeito e admiração e a de Croce, às vezes próximo da veneração.[34] A marca do historicismo croceano, em particular, é muito forte em um lado de seu pensamento. Entretanto, ele enfatiza também a indiferença da teleologia filosófica de Croce a todo valor institucional do liberalismo político que lhe é caro, sua completa irrelevância para a agenda prática de uma democracia moderna – que, a seu ver, exigia um fundamento atemporal de direitos naturais que era anátema para Croce.[35] Pois o liberalismo do próprio Bobbio é essencialmente uma doutrina de garantias constitucionais para a liberdade do indivíduo e de direitos civis, na tradição empírica de Mill, que ele associa especialmente à Inglaterra; e seus maiores heróis na Itália eram aqueles pensadores que podiam ser vistos como mais próximos dele – as figuras menos representativas de Carlo Cattaneo, que defendeu Milão contra os austríacos em 1848, e Luigi Einaudi e Gaetano Salvemini, que não se submeteram ao fascismo em 1924.

É óbvio, porém, que, em si, esta perspectiva – por mais eloquentemente expressa como ela o é por Bobbio – tem pouco de original no século XX. O interesse completo do pensamento de Bobbio, contudo, deriva do confronto deste liberalismo político clássico, mediado pela experiência italiana específica, com duas outras tradições teóricas. A primeira delas é o socialismo; e também aqui o contexto italiano foi constitutivo. Bobbio, quando chegou à esquerda no fim dos anos 30, ingressou num campo intelectual e político que já era singularmente – por assim dizer – híbrido. Pois nas condições caleidoscópicas da sociedade italiana depois da Primeira Guerra Mundial, em que tantos elementos sociais e ideológicos eram agitados em padrões não usuais, o liberalismo não desbotou, mas assumiu algumas novas e surpreendentes cores. A Itália produziu nesses

---

34 "Uma das concepções da história deste século mais complexas, inspiradas e ponderadas": *Italia civile*, p.92.
35 Ver "Benedetto Croce e il liberalismo", in: *Politica e Cultura*, p.253-68.

anos o que é ainda o único estudo acadêmico completo do liberalismo europeu durante o século passado, a *Storia del liberalismo europeo*, de Guido De Ruggiero – uma obra não somente de síntese histórica comparativa, mas também de combativo compromisso político, concluída enquanto o fascismo consolidava-se no poder. De Ruggiero, um historicista com um forte respeito pela contribuição alemã de Kant e Hegel à ideia europeia de um *Rechtsstaat*, pertencia ele mesmo ao centro político. Contudo, ele pôde escrever que "se lembramos a aspereza intratável e desumana demonstrada pelos liberais do início do século XIX em relação aos urgentes problemas sociais de sua época, não podemos negar que o socialismo, com todos os defeitos de sua ideologia, constituiu um imenso avanço sobre o individualismo anterior, e, do ponto de vista da história, foi justificado na tentativa de submergi-lo em seu próprio dilúvio social".[36] Entre uma geração mais nova, mais à esquerda, a força gravitacional de uma classe operária insurgente – e às vezes da Revolução Russa além dela – produziu um surpreendente arranjo de diferentes tentativas de unir valores proletários e liberais numa nova força política. A primeira e mais famosa foi o programa para uma "Revolução Liberal" de Piero Gobetti, que editou Mill em italiano e defendia o livre comércio, embora admirando Lenin e colaborando com Gramsci na *L'ordine nuovo* antes de lançar sua própria *Rivo-*

---

36 *The History of European Liberalism*, Oxford, 1927, p.391; numa seção intitulada "O liberalismo do socialismo prático", os sentimentos de Bobbio em relação à obra de De Ruggiero são ambivalentes. Confessando tê-lo apreciado outrora, ele o criticou depois da guerra, por superestimar o valor do liberalismo alemão em geral e exaltar acriticamente as contribuições de Hegel em particular – enquanto, junto com Croce, subestimava as realizações do liberalismo inglês: "O que [os idealistas italianos] não conseguiram perceber na pátria de Milton e Mill, eles imaginaram ter encontrado no país de Fichte e Bismarck" (*Politica e Cultura*, p.253-56). Não obstante estas objeções, vários temas do próprio Bobbio foram antecipados por De Ruggiero que, durante a Resistência, atuou na formação e na liderança do Partito d'Azione.

luzione liberale em 1922. O liberalismo de Gobetti era do tipo que conclamava os trabalhadores a conquistarem o poder por baixo e se tornarem os novos dirigentes da sociedade, como a única classe capaz de transformá-la. Vendo-se como revolucionário no pleno sentido da palavra, este liberalismo esquivava-se do socialismo italiano como demasiado reformista e expressava toda simpatia pelo comunismo russo.

Gobetti morreu na França em 1926. Dois anos antes, sua revista havia publicado um ensaio de um jovem socialista que criticava as tradições do PSI, Carlo Rosselli. Confinado sob Mussolini, em 1928, Rosselli escreveu um livro intitulado *Socialismo liberale* – antes de escapar para a França, onde fundou o movimento Giustizia e Libertà no ano seguinte. O projeto de Rosselli para uma síntese vinha da direção oposta da de Gobetti. Admirando o que ele pensava conhecer do trabalhismo britânico, procurava purgar o socialismo de sua herança marxista e encarnação soviética e recuperar para ele as tradições da democracia liberal que acreditava serem conquistas fundamentais da civilização moderna. Rosselli e seu irmão foram assassinados por bandidos fascistas em 1937. Naquele ano, Guido Calogero e Aldo Capitini criaram em Pisa uma corrente diversa que denominaram Liberal-socialismo. A ligeira nuança de seu nome indica uma posição intermediária entre as de Rosselli e Gobetti. Capitini, em particular, ao mesmo tempo com uma perspectiva mais religiosa e mais simpático à experiência soviética, visava a uma futura ordem social que seria "pós-cristã" e "pós-comunista", combinando o máximo de liberdade legal e cultural com a máxima socialização econômica. Calogero era mais próximo a Rosselli, com uma linguagem mais filosófica, rejeitando a Rússia como um Estado "totalitário" e argumentando contra qualquer socialização geral dos meios de produção. Quando os dois movimentos desembocaram no Partito d'Azione em 1942, sua defesa de uma economia mista como o meio apropriado de uma conciliação de liberdade e justiça prevaleceu e tornou-se parte do programa formal do partido. Mas foi contestado dentro dele por uma outra corrente que descrevia sua meta

– de acordo com as possibilidades da época e do país – como comunismo liberal. Seus principais teóricos, Augusto Monti e Silvio Trentin, eram os descendentes mais diretos de Gobetti. De dentro do Giustizia e Libertà nos anos 30, Trentin havia rejeitado a ideia de uma economia bissetorial e insistia na necessidade de uma socialização revolucionária das relações de propriedade, reivindicando ao mesmo tempo um Estado federativo descentralizado – em linhas proudhonianas – para salvaguardar a liberdade dos perigos do despotismo político quando o capitalismo fosse derrotado. Para estes pensadores, uma revolução comunista era de qualquer modo provável na Itália do pós-guerra e a tarefa era pensar as formas da revolução democrática que se seguiria e que a "endireitaria" historicamente.[37]

Revolução liberal, liberalismo socialista, socialismo liberal, comunismo liberal: alguma outra nação dispôs de tal gama de híbridos? Eles eram possíveis na Itália, porque não houvera tempo para a democracia burguesa ou para a democracia social se instalarem depois da Primeira Guerra Mundial, estabelecendo um quadro estável de demarcações para a política sob o capitalismo. Uma década de fascismo significava que o liberalismo era ainda uma força peculiarmente não consumada, enquanto o socialismo tornara-se uma força relativamente indivisa; e que juntos eles confrontavam um inimigo contra o qual, como último recurso, a resistência poderia apenas ser insurrecional. Nestas condições, a Resistência Italiana podia exibir todo tipo de generoso sincretismo. Bobbio é um herdeiro deste momento excepcional, que foi – como ele frequentemente explicava – a experiência política central que o moldou.

Pessoal e moralmente mais próximo de Capitini, suas preferências práticas eram as mesmas de Calogero, embora no seu caso elas estivessem combinadas a uma lúcida percepção da força provável do PCI depois da Libertação e que

---

37 Para esta intrincada história, ver os diversos relatos de Bobbio em *Italia fedele*, p.9-31; *Italia civile*, p.45-8, 249-66; *Maestri e compagni*, p.239-99; *Profilo ideologico*, p.151-63.

o levaria – mais ou menos inevitavelmente – a um compromisso muito mais profundo com a cultura marxista. Outrora um liberal, Bobbio nesses anos tornou-se um socialista. Mas, como seus predecessores anglo-saxões, ele não foi um liberal apenas antes de ser um socialista, mas continuou sendo. Aquele liberalismo derivava de um profundo compromisso com o Estado constitucional e não de algum apego particular ao livre mercado. Era político, não econômico – uma diferença formulável mais nitidamente em italiano do que em outras línguas, na distinção (feita mais notavelmente por Croce) entre *liberalismo* e *liberismo*.[38] Ele podia, portanto, permitir uma passagem igualitária para o socialismo. Explicando sua própria concepção da relação entre os dois, Bobbio escreveu bem mais tarde: "Eu pessoalmente mantinha o ideal socialista acima do liberal". Pois, argumentava ele, o primeiro abrange o segundo, mas não vice-versa. "Embora a igualdade não possa ser definida em termos de liberdade, há ao menos um caso em que a liberdade pode ser definida em termos de igualdade" – a saber, "aquela condição na qual todos os membros de uma sociedade se consideram livres porque são iguais em poder".[39] O socialismo é, portanto, o termo mais inclusivo.

---

38 O ensaio de Croce, "Liberalismo e liberismo", escrito em 1928 e dirigido contra Einaudi, alegava que a liberdade era um ideal moral compatível com diversos regimes econômicos – portanto não identificado com a mera competição e com o livre comércio; uma década mais tarde, ele usou os mesmos argumentos contra Calogero para rejeitar a noção de qualquer síntese possível entre liberalismo e socialismo – "a liberdade não sofre de adjetivos." Em 1941, ele recusou ingressar no Partito d'Azione, porque este defendia a distribuição da terra aos camponeses no sul. Ver Giovanni Di Luna, *Storia del Partito d'Azione*, Milano, 1982, p.25.

39 *La ideologie e il potere in crisi*, Firenze, 1981, p.29-30. Este volume é essencialmente uma coleção dos artigos de Bobbio no *La Stampa* entre 1976 e 1980, textos nos quais ele diz – justamente – que ele "quase sempre procurou vincular os problemas do dia aos temas gerais da filosofia política ou ciência política". Eles formam um notável exemplo de um tipo de prosa pública que desapareceu do mundo jornalístico europeu.

A lógica destas convicções lembra Mill ou Russell, Hobson ou Dewey. O que diferencia a versão de Bobbio das destes é a experiência histórica da qual derivam. Diferentemente dos anteriores, a ponte de Bobbio do liberalismo ao socialismo não foi um episódio intelectual relativamente isolado – ele fazia parte de um movimento coletivo que desempenhou um importante papel político numa época de guerra civil e nacional. As lutas, as paixões, as memórias por trás dele são bem mais espessas. Mas também exatamente por estar muito mais praticamente incorporado, estava também muito mais sujeito ao veredicto dos resultados. Para Bobbio havia apenas uma nova ideologia verdadeira da Resistência Italiana – aquela do Partito d'Azione, que ele denomina "o partido dos socialistas liberais".[40] Sua nostalgia pelo tempo de esperança que ele representava recorre continuamente em seus textos, mas sempre acompanhada pela ironia que já presenciamos. O socialismo liberal era uma "fórmula de elite", cujas "posições doutrinárias filosóficas" estavam "fadadas à derrota pelas grandes forças políticas reais que eram movidas por interesses bem concretos e impulsos poderosos e não por silogismos perfeitos".[41]

Dessas forças, as duas principais eram, certamente, a Democracia Cristã e o Comunismo. Bobbio nunca teve

---

40 *Italia fedele*, p.248. Há uma elipse histórica na descrição que sugere o quão importante era esta síntese para ele, a ponto de criar uma certa ilusão de óptica, pois o Partito d'Azione também continha uma força significativa que tinha pouco a ver com o socialismo – derivada de círculos bancários e de negócios e liderada por Ugo La Malfa, o arquiteto do pós-guerra de um Partido Republicano que estaria próximo do capital industrial esclarecido. A lembrança de Bobbio do Partito d'Azione passa regularmente ao largo disto. De fato, foi o grupo de La Malfa, centrado no Banca Commerciale, que realmente assumiu a iniciativa da criação do Partito d'Azione – aceitando os ideais programáticos dos socialistas liberais apenas relutante e taticamente; e que também sobreviveu à derrocada final do partido mais eficazmente. Ver a excelente história recente de Giovanni De Luna, *Storia del Partito d'Azione*, p.35-42, 347-65.
41 *Italia fedele*, p.248.

muito o que dizer sobre a DC. Era o PCI que dominava seu horizonte do pós-guerra, em diálogo ou polêmica. O curso político incomum de seus intercâmbios com ele, durante os anos da guerra fria, foi notado. Estes debates assinalam um marco histórico que separa, de modo fundamental, sua conjugação de liberalismo e socialismo daquela de seus predecessores. Eles se caracterizavam por terem se formado no interior de um liberalismo confortavelmente estabelecido, tendo depois reagido contra seus abusos ou fracassos – repressão retaliativa, guerra imperialista, desemprego em massa – buscando um socialismo além dele. Bobbio, em contraste, tornou-se liberal e socialista de certa forma num único impulso na luta contra o fascismo e então reagiu contra os crimes do socialismo estabelecido – o sistema tirânico de Stalin. Registrar esta diferença não é minimizar a seriedade do compromisso de seus dois predecessores mais próximos, em sua época, com as experiências revolucionárias do século XX. Russell escreveu o estudo mais penetrante – muitas vezes profético – sobre o regime bolchevique do período da guerra civil de autoria de um observador estrangeiro, após sua visita à URSS em 1920.[42] Dewey chegou para trabalhar na China poucos dias antes do Movimento de 4 de Maio, em que ele apoiou a causa do governo de Cantão, atacando o papel dos imperialismos britânico e japonês no país. Ele viajou posteriormente à Turquia a convite de Kemal; ao México, na época de Calles, onde viu as realidades do imperialismo dos EUA – em ação também na Nicarágua

---

42 *The Practice and Theory of Bolshevism* é um texto admirável pelo número e agudeza de suas premonições. Russell previu algo como uma involução nacionalista e burocrática do Estado bolchevique, a escala futura de sua industrialização e os prováveis limites das estratégias da Terceira Internacional, baseadas na experiência russa na Europa ocidental; ele chegou a vislumbrar algo como um longínquo equilíbrio de terror nuclear. Seu veredicto sobre a experiência soviética não chega a ser totalmente coerente e ele não tinha uma alternativa confiável para o movimento trabalhista no Ocidente. Mas estas falhas pesam pouco em relação às realizações do todo.

de Sandino; e à Russia, antes do início da coletivização. Ele escreveu com simpatia sobre todos esses.[43] No fim dos anos 30, ele notória e corajosamente ajudou a denunciar os Processos de Moscou.

Não obstante, tais compromissos eram ainda num certo sentido episódios honrosos mais do que preocupações centrais de homens para quem, por antecedentes e contexto de origem, os movimentos revolucionários modernos permaneciam algo remoto. Bobbio, recém-saído de um movimento de Resistência, cuja força principal era o PCI, tão próximo da fronteira da Revolução Iugoslava e apenas um pouco mais distante das recém-criadas Democracias Populares, num país cuja política interna estava em risco permanente, graças ao conflito entre Ocidente e Oriente, encontra-se em uma situação histórica completamente diferente. Seu compromisso com o socialismo era necessariamente de outra ordem: ao mesmo tempo mais tenso e mais íntimo.

Mas há ainda um outro elemento na concepção característica de Bobbio que o separa de seus predecessores. Um dos traços comuns mais surpreendentes da perspectiva de Mill, Russell e Dewey era sua fé no poder social da educação. As expectativas do socialismo dependiam, para Mill, de uma gradual elevação cultural das classes trabalhadoras que somente processos de educação a longo prazo poderiam levar a cabo – até então ele seria sempre prematuro. A principal influência de Dewey na América derivava, é claro, da Escola-Laboratório que fundara em Chicago, desenvolvendo uma variação racional-instrumental (em oposição à românticoexpressiva) de educação progressiva; seu *best-seller* nos

---

43 Dewey descreveu seu período na China, ao voltar, como o mais intelectualmente profícuo de sua vida; e ele pode ser visto como uma espécie de divisor de águas em sua vida. Para suas respostas às transformações sociais dos anos 20, ver seu *Impressions of Soviet Russia and the Revolutionary World: Mexico-China, Turkey*, New York, 1929, especialmente o capítulo "Imperialism is Easy", p.181 seg. Russell cruzou caminhos com Dewey em Hunan e Pequim em 1921: ver sua própria obra *The Problem of China*, London, 1922, p.224.

EUA permaneceu sempre *Democracy and Education*. Russell combinou um empreendimento pedagógico em Beacon Hill com uma defesa extensiva de seus princípios em *Education and the Social Order* e outros escritos.[44] Em todos os três casos, a importância soberana atribuída à educação era vinculada a uma concepção específica do intelectual como educador exemplar potencial.

Bobbio, por outro lado, rejeitava expressamente tal papel para os intelectuais – considerando-o, na verdade, a miragem característica dos pensadores italianos de pré-guerra, que unia figuras tão díspares como Croce, Salvemini, Gentile, Gobetti, Prezzolini e o próprio Gramsci, numa ilusão comum de que sua tarefa era "educar a nação".[45] Sua reserva cética para com programas de "reforma intelectual e moral", ou depositar esperanças ingênuas na *Bildung*, está inversamente acompanhada por um acentuado respeito por aquela tradição de "realismo político" que tem se preocupado especialmente com o papel do poder e da violência na história. Sua influência sobre Bobbio foi profunda. Esta tradição, ele observa, quase nunca foi conservadora.[46] Na Europa, seus supremos expoentes filosóficos foram Hobbes, teórico *par excellence* do absolutismo, para quem o direito sem uma espada era apenas papel; e Hegel, para quem a soberania era testada não tanto pela imposição da paz interna, mas também pela realização de guerra externa – o meio perpétuo da vida das nações. Na Itália, este realismo assumiu a forma não de uma racionalização especulativa mas de uma exploração terrena da mecânica de dominação, de

---

44 O livro de Russell apareceu em 1932; Dewey publicou um texto com o mesmo título em 1936.

45 "Le colpe dei padri", *Il Ponte*, XXX, n.6, junho de 1974, p.664-7; *Profilo ideologico del novecento italiano*, p.3-4. Bobbio faz remontar a versão especificamente italiana desta idéia ao legado de Gioberti ao Risorgimento.

46 Bobbio desenvolve este tema em muitos textos. Ver, entre outros, *Saggi sulla scienza politica in Italia*, Bari, 1969, p.9, 197, 217; *Profilo ideologico del novecento italiano*, p.17.

Maquiavel a Mosca e Pareto. Bobbio foi um comentador próximo e apreciativo dos teóricos de elite de seu país, aos quais ele deve certos elementos significativos de sua perspectiva sociológica.[47] Mas há um sentido no qual sua apropriação da herança realista se afastou da tradição especificamente italiana. Pois esta tem tendido caracteristicamente a resultar numa cultura obsessiva de política pura – isto é, da política concebida como uma pura disputa subjetiva pelo poder em si, como o próprio Maquiavel essencialmente a via. Esta tradição tem carecido, por contraste, de um sentido real do Estado – como um complexo de instituições impessoal e objetivo. As razões para este déficit são razoavelmente evidentes – a longa ausência e a posterior fraqueza persistente de um Estado nacional italiano. A originalidade da percepção do próprio Bobbio da tradição realista italiana está em sua firme reorientação dela para fora da política como tal – os intrincados mecanismos de ganho ou perda de poder que tanto fascinaram Maquiavel ou Mosca, ou mesmo Gramsci (e, em detalhe cotidiano degradado, o parlamento do país e a imprensa até hoje) – e na direção das questões do Estado que preocuparam bem mais Madison, Hegel ou de Tocqueville.

Há dois pontos fixos da reflexão sobre o Estado que se seguem. O primeiro é a resoluta insistência de Bobbio em que todos os estados baseiam-se como último recurso na força.[48] Para ele esta é a grande lição pessimista do realismo conservador, que era compartilhada, ele nota, por Marx e Lenin. Mas eles combinavam uma concepção pessimista do Estado com uma concepção otimista da natureza humana, que permitia a expectativa da eliminação final de uma pela emancipação da outra – enquanto, para a corrente principal da tradição realista, a incorrigibilidade das paixões requeria

---

47 Ver, particularmente, suas afirmações sobre Pareto e Mosca em *Saggi sulla scienza politica*, publicado no auge dos levantes estudantis, contra cujas ilusões Bobbio achava que eles podiam servir de salutar antídoto: p.252.

48 *La ideologie e il potere in crisi*, p.165.

a coerção permanente do poder organizado para restringi-las.[49] Bobbio, sem se pronunciar diretamente sobre esta questão, assinala que, em geral, "os estudos políticos devem mais aos *insights* por vezes impiedosos dos conservadores do que às construções rigorosas, mas frágeis dos reformistas".[50] Sua segunda ênfase na verdade defende uma tradição conservadora contra outra marxista. Trata-se do potencial irredutivelmente violento das relações interestados, além de toda regulamentação interna, como constitutivo da natureza da soberania política como tal. Precisamente na medida em que a lógica de guerra é, desta forma, independente das relações de classe domésticas, ela foi negligenciada pelo marxismo para seu perigo. A história e a teoria do conflito militar para Bobbio – tanto como para Hegel ou Treitschke – integram necessariamente qualquer reflexão realista sobre o Estado. Paradoxalmente, é exatamente este sentido da centralidade da guerra para o destino da política que também fez de Bobbio – de modo absolutamente excepcional em seu país – um constante adversário da corrida nuclear que, contudo, defende uma fórmula hobbesiana para a paz internacional.[51] Contrastando sua perspectiva com as tradições que descendem de Spencer ou Marx, Bobbio repudia expressamente qualquer crença na necessidade de progresso

---

49 *Stato, governo, società*, Torino, 1985, p.119-25; *Quale socialismo?*, p.39-40; *WS*, pp.62-3, 187-90.
50 *Saggi sulla scienza politica*, p.217.
51 Isto é, o investimento de um monopólio da força armada num único superestado com jurisdição global. Bobbio contrasta esta solução "jurídica" com a que ele chama solução "social", classicamente enfocada pelo marxismo, na qual a paz internacional é assegurada pelo desaparecimento do Estado. Ele não alega que isto resultaria numa pacificação geral das relações sociais, na medida em que o Estado permanece como uma "institucionalização da violência", mas apenas que propiciaria as condições para a eliminação das armas nucleares, que exigem atualmente uma objeção consciente incondicional, junto com uma rejeição da teoria da dissuasão que as justifica. Ver *Il problema della guerra e le vie della pace*, Bologna, 1979, esp. p.8-10, 21-50, 79-82, 114-6, 202-6.

– aqui menos do que em qualquer outra parte. No todo, a história revela mais que a astúcia da razão – o bem involuntário resultando do mal voluntário – a malignidade da desrazão – o mal involuntário desencadeado pelo bem voluntário.[52] Reconhecendo em seu lugar as afirmações mesmo de um pensador como De Maistre, o pensamento de Bobbio é um liberalismo simultaneamente aberto aos discursos socialista e conservador, revolucionário e contrarrevolucionário.

A democracia existente: duas críticas

Qual, então, tem sido o padrão das intervenções teóricas de Bobbio nos últimos trinta anos? O fio condutor de seus escritos neste período tem sido uma defesa e uma ilustração da democracia como tal. Esta democracia, ele a define mais em termos de procedimento do que substantivamente. Quais são os critérios da democracia de Bobbio? Essencialmente, são quatro: em primeiro lugar, sufrágio adulto igual e universal; em segundo, direitos civis que assegurem a livre expressão de opiniões e a livre organização de correntes de opinião; em terceiro, decisões tomadas por uma maioria numérica; e, em quarto, garantias dos direitos das minorias contra os abusos por parte das maiorias. Definida deste modo, Bobbio insiste incansavelmente, a democracia é um método, a forma de uma comunidade política, não sua substância. Mas nem por isso ela é um valor histórico menos transcendental. O marxismo, argumenta ele, sempre cometeu o erro fundamental de subestimá-la, na medida em que o materialismo histórico estava preocupado com uma outra questão: a de quem governa numa sociedade dada, não de como governa. Para Marx e Lenin, esta segunda problemática – que Bobbio chama de problema dos sujeitos, e não das instituições, do poder – obscureceu completamente a primeira, a ponto de gerar uma confusão fatal entre ditadu-

---

52 *Quale socialismo?* p.102; *WS*, p.115, 209-12.

ra, compreendida como qualquer dominação por uma parte ou classe de uma sociedade sobre outra, e ditadura, compreendida como o exercício de força política isenta de qualquer lei – na famosa definição de Lenin; isto é, entre dois significados inteiramente diferentes do termo – como uma ordem social num sentido genérico e como um regime político num sentido mais restrito.[53] Bobbio observa que havia uma tradição pré-marxista que aceitava a necessidade de uma ditadura revolucionária para mudar a sociedade – tradição que vai de Babeuf a Buonarrotti passando por Blanqui. O que era novo no marxismo era sua transformação desta noção clássica de ditadura – como um governo ao mesmo tempo excepcional e efêmero, como os romanos o concebiam – na substância universal e inalterável de todos os governos anteriores ao advento do comunismo, isto é, de uma sociedade de classes.

Contra esta mistura teórica, Bobbio sublinha a importância insubstituível da emergência de instituições liberais – parlamentos e liberdades civis – dentro do que é de fato uma sociedade de classes, dominada por um estrato capitalista, mas que exerce seu domínio dentro de um quadro regulador garantindo certas liberdades básicas a todos os indivíduos, quaisquer que sejam suas classes. A democracia política representa, histórica e juridicamente, um baluarte indispensável contra os abusos do poder. Liberal em suas origens no século anterior, ela continua a ser liberal em seu formato institucional neste século. "Quando uso o termo democracia liberal", escreve ele, "não é num sentido limitador" – na medida em que não poderia existir algo como uma democracia não liberal – mas para denotar "a única forma possível de uma democracia efetiva".[54] A função essencial de tal democracia é assegurar a liberdade negativa dos cidadãos em relação à prepotência – real ou possível – do Estado: sua capacidade de fazer o que queiram sem impedi-

---

53 *Politica e Cultura*, p.150-52.
54 *Politica e Cultura*, p.178.

mento legal externo. Os mecanismos desta garantia são duplos – e estruturalmente indissociáveis –: por um lado, direitos civis do indivíduo, por outro, uma assembleia representativa da nação. O nexo entre ambos constitui o que Bobbio chama de núcleo irredutível do Estado Constitucional, qualquer que seja o sufrágio exato obtido nas diferentes épocas de sua existência. Como tal, ele constitui um legado que pode ser utilizado por qualquer classe social. Sua origem histórica, argumenta Bobbio, é tão irrelevante para seu uso contemporâneo quanto a de qualquer instrumento tecnológico como o trem ou o telefone. Não há por que a classe trabalhadora não possa se apropriar deste complexo em sua própria construção do socialismo, e ela tem os mais fortes motivos para fazê-lo, pois na concepção de Bobbio, como ele coloca num eco deliberado dos dogmas do materialismo histórico, "as instituições liberais pertencem àquela cultura material cujas técnicas é essencial transmitir de uma civilização a outra".[55]

Em sua polêmica com Della Volpe e Togliatti, Bobbio naturalmente não teve dificuldade em demonstrar o contraste entre nexo institucional liberal e o estado de coisas na União Soviética, onde era proclamada uma ditadura do proletariado – para ele, uma ditadura *tout court*, completa com "a fenomenologia do despotismo de todos os tempos", o contrário de qualquer tipo de democracia.[56] Mas este contraste inicial abrangia apenas metade de seu intento polêmico. Pois a democracia liberal teria no curso do tempo que ser também distinguida e defendida contra um outro inimigo, ou de qualquer forma um outro modelo. Qual era ele? A democracia liberal – Bobbio sempre insistiu –, é necessariamente representativa ou indireta. A única alternativa formalmente concebível a ela, portanto, seria uma democracia delegada ou mais direta. Na altura dos anos 70, havia poucos defensores da ditadura – supostamente prole-

---

55 Política e Cultura., p.142, 153-4,.
56 Ibid., p.157.

tária ou de outro tipo – na Itália. Mas aqueles que acreditavam que uma forma mais direta de democracia do que a ordem parlamentar prevalecente era possível e desejável não eram poucos. Eles vislumbravam uma democracia conciliar que seria tão apropriada a um socialismo avançado quanto a democracia representativa o era para o capitalismo avançado. O alvo real das intervenções teóricas de Bobbio entre 1975 e 1978 eram esses. Seu ataque central se dirigia contra o que ele chamava "fetiche" da democracia direta. Ele não negava a linhagem desta ideia da Antiguidade a Rousseau, antes que ela se integrasse na tradição do materialismo histórico, mas rejeitava sua validez ou aplicabilidade às sociedades industriais de hoje.

Quais eram seus argumentos? Eram duplos – estruturais e institucionais. Em termos históricos gerais, Bobbio reitera a alegação familiar de que a simples escala e complexidade dos estados modernos preclude *ab initio* participação popular direta nas decisões nacionais, como uma possibilidade técnica. Isto não significa, prossegue, que ele vê portanto os estados representativos existentes como o *nec plus ultra* da evolução democrática. Democracia representativa e democracia direta não são antíteses, mas compõem um *continuum*, "não há forma que seja boa ou má num sentido absoluto, mas cada uma é boa ou má de acordo com a época, o lugar, as questões, os agentes".[57] Tal contextualização pareceria atenuar a rigidez do contraste inicial que Bobbio faz entre democracia representativa e direta. Mas, na prática, ele critica ou rejeita toda forma institucional específica de democracia direta que discute. Primeiramente, o referendo – o principal elemento de tal democracia na Constituição italiana do pós-guerra, que a distingue de suas contrapartes mais conservadoras em outros lugares da Europa ocidental – pode ser tolerável por consultas infrequentes à opinião pública quando esta se encontra dividida em duas partes mais ou menos iguais a propósito de algum problema

---

57 *Quale socialismo?*, p.98; WS, p.112.

grande e simples. Mas é completamente inadequado para o grosso do trabalho legislativo, que excede amplamente a capacidade do cidadão comum de manter o interesse nos negócios públicos – pois os eleitores não podem decidir sobre uma nova lei por dia, como deve fazê-lo a Câmara dos Deputados italiana. Ademais, em referendos – Bobbio adverte – o eleitorado é atomizado, desprovido de seus guias ou mediadores normais na forma dos partidos políticos. Por isso tem deplorado sua multiplicação nos último anos.[58]

Tampouco as assembleias populares – como Rousseau as concebeu outrora – são viáveis como mecanismos de uma democracia direta nas sociedades modernas. Praticáveis na melhor das hipóteses nas pequenas cidades-estado da Antiguidade, tais corpos são fisicamente impossíveis nas nações-estado contemporâneas com seus milhões de membros. Ademais, mesmo onde funcionaram brevemente em nível local, em lugares pequenos, eles demonstraram com frequência serem facilmente desvirtuáveis por meio de demagogia ou carisma, como a triste experiência do movimento estudantil demonstrou. Os mandatos revogáveis, por sua vez – um elemento central na concepção de uma democracia mais direta para Marx ou Lenin – são ativamente nefandos, pois são historicamente típicos de autocracias em que o tirano pode demitir seus funcionários a qualquer momento. Seu complemento positivo, o mandato imperativo, por outro lado, existe *de facto* no parlamentarismo europeu moderno, na forma da disciplina férrea dos partidos sobre seus deputados, e como tal é um ponto fraco, a ser lamentado, da democracia que já existe, mais do que um ponto forte de alguma democracia futura. A própria noção de um mandato comprometido, para Bobbio, é incompatível com o princípio de que os deputados representam interesses gerais e não setoriais e que ele alega ser essencial à democra-

---

58 *Quale Socialismo?*, p.59; *WS*, p.79; "La crise permanente", p.10-1, em que Bobbio descreve o "estouro" de referendos nos anos 70 como culpado de "lesa-democracia".

cia parlamentar.⁵⁹ Deste modo, sua concordância em que elementos de democracia direta poderiam ser integrados como complementos em instituições representativas é, em grande medida, nominal. O único exemplo real que ele menciona com aprovação é um direito à reunião. O espírito de sua posição é expresso nas rejeições da própria ideia de democracia direta por Bernstein e Kautsky, que ele cita como inspirações para sua própria concepção do problema.⁶⁰

Defesa da democracia representativa; crítica da democracia direta; rejeição da ditadura revolucionária. Em suas linhas gerais, os temas de Bobbio poderiam até aqui ser comparados às doutrinas de qualquer liberal lúcido, ou lidos como uma adesão mais ou menos incondicional ao *status quo* ocidental. Onde começa seu não conformismo, sem falar do socialismo? Ele se encontra em sua crítica da democracia representativa que temos – e que ele, aliás, louva. Eis aqui onde reside o verdadeiro ponto nevrálgico do pensamento de Bobbio, onde as tensões intelectuais que o permeiam e conferem todo seu interesse político e teórico podem ser vistas mais nitidamente. Por um lado, Bobbio enumera uma série de processos objetivos que, segundo ele, tendem a diminuir e solapar a democracia representativa como ele próprio a valoriza; isto é, o esquema clássico de um Estado liberal-constitucional baseado em sufrágio universal adulto, o padrão que se tornou generalizado por meio da zona do capitalismo avançado depois da Segunda Guerra Mundial. Quais são estes crescentes obstáculos à operação da democracia representativa? Eles podem ser sumarizados aproximadamente como segue.

Em primeiro lugar, a autonomia do cidadão individual foi completamente eclipsada pela predominância da organização em grande escala. O tamanho e a complexidade das

---

59 *Quale socialismo?*, p.59-62; *WS*, p.80-2.
60 *Il futuro della democrazia*, p.34-41; *FD*, p.47-52; *Quale socialismo?*, p.94-5; *WS*, p.109-10.

sociedades modernas industriais tornam necessariamente impraticável o tipo de composição de vontades individuais numa vontade coletiva, postulada pelo pensamento liberal-democrático clássico. Em seu lugar emerge um conflito de agrupamentos consolidados e oligárquicos, cuja interação – seja em âmbito político-partidário, seja em âmbito socio-econômico – tipicamente assume a forma de uma barganha corporativa que solapa o próprio princípio de livre representação, tal como era entendido por Burke ou Mill. O ingresso das massas no sistema político, com o advento do sufrágio universal, não contrabalançou estas tendências. Ao invés disto, ele mesmo fatalmente gerou uma burocracia hipertrofiada no Estado – o resultado de justificáveis pressões populares para a criação do sistema de bem-estar e das administrações de seguridade social que, por sua vez, paradoxalmente tornaram-se ainda mais lerdos, pesados e impermeáveis a qualquer controle democrático. Entrementes, os avanços tecnológicos das economias ocidentais tornam sua coordenação e direção governamentais uma função constantemente mais complexa e especializada. O resultado é a abertura de um hiato intransponível entre a competência – ou melhor, incompetência – da esmagadora maioria dos cidadãos nesta área e as qualificações daqueles poucos que só eles conhecem algo do assunto: daí ser inevitável a constituição de uma tecnocracia. Por seu lado, além disso, os cidadãos das democracias ocidentais tendem a mergulhar ainda mais profundamente na ignorância civil e na apatia, que são cuidadosamente mantidas pela mídia dominante de distração comercial e manipulação política. A consequência é que os eleitores atuais evoluem rumo a exatamente o oposto dos sujeitos bem-educados e politicamente ativos que deveriam ser a base humana de uma democracia operativa aos olhos dos teóricos clássicos do liberalismo. Finalmente – aqui Bobbio une-se a um refrão geral dos anos 70 –, a combinação das múltiplas pressões corporativas, do peso intratável da burocracia, do isolamento dos tecnocratas, da massificação do conjunto dos cidadãos constitui uma "sobrecarga" das demandas cruzadas do sistema político que sabota sua capacidade de tomar decisões eficazes, levando a uma crescente paralisia e descrédito.[61]

Esta é a primeira linha da crítica que Bobbio dirige à nossa ordem política atual. Ele sumariza a substância de suas acusações, falando das "promessas não cumpridas" da democracia representativa – expectativas de liberdade que não conseguiram ser honradas. Mas, ao mesmo tempo, ele insiste em que estas promessas nunca poderiam ter sido cumpridas, pois os obstáculos históricos contra os quais elas foram lançadas não eram contingentes. Para Bobbio, todos os processos que tão prodigamente enumera e que frustraram as esperanças dos teóricos clássicos da democracia liberal são implacáveis – são transformações objetivas de nossas condições de coexistência social, das quais ninguém pode escapar. Trata-se, por assim dizer, de deficiências necessárias da democracia representativa estabelecida.

Mas, ao mesmo tempo, em passagens nos mesmos textos, Bobbio avança uma série de críticas a essa democracia cujo efeito é diametralmente oposto. Aqui sua objeção à democracia parlamentar contemporânea não é de promessas que não puderam ser mantidas, mas que nunca foram feitas. Pois o que Bobbio nota neste registro é a ausência geral de qualquer democracia nas sociedades ocidentais fora do limite das próprias instituições legislativas. Os parlamentos são mantidos de cada lado num rígido cabresto estrutural. Por um lado, o Estado mesmo contém aparatos administrativos de um caráter profundamente autoritário que, como ele coloca, tipicamente precederam a chegada da democracia representativa e continuam em grande medida a ser recalcitrantes para com ela. "O que chamamos para efeito de bre-

---

61 Ver *Il futuro della democrazia*, p.10-24; *FD*, p. 28-39: a discussão de Bobbio aqui é, de certo modo, bem menos articulada do que o usual – não há, de fato, analiticamente muita distinção entre suas "promessas irrealizadas" e seus "obstáculos imprevistos".

vidade de 'estado representativo' sempre teve que contar com a existência de um estado administrativo que obedece a uma lógica de poder completamente diferente, que desce de cima quando deveria ascender de baixo; que é secreto e não público, baseado em hierarquia e não na autonomia" – e "o primeiro nunca foi capaz de fazer que o segundo se submetesse a ele".[62] As forças armadas, a burocracia e os serviços secretos constituem o porão oculto da democracia parlamentar. "Mesmo as melhores Constituições mostram apenas a fachada do imenso e complicado edifício do Estado contemporâneo. Elas revelam pouco ou nada da guerra que está por trás ou dentro dele – para não falar dos porões abaixo".[63]

Fora do Estado, além disso, as instituições características da sociedade civil apresentam uma carência de democracia virtualmente uniforme. Os princípios representativos ocupam um espaço relativamente pequeno na vida social como um todo. Nas fábricas, escolas, igrejas ou famílias, a autocracia de um tipo ou de outro continua a ser a regra. Bobbio não trata da ausência de democracia nestes casos como de significação intercambiável. Suas ênfases são as do marxismo clássico. Assinalando que "as instituições que os cidadãos conseguem controlar são cada vez mais fictícias como centros de poder", ele escreve: "os diversos centros de poder de um estado moderno, tais como os grandes negócios ou os instrumentos principais de poder real, como as forças armadas e a burocracia, não estão sujeitos ao controle democrático;[64] "o processo de democratização não começou sequer a arranhar a superfície dos dois grandes blocos de poder hierárquico descendente, em toda sociedade complexa, das grandes corporações e da administração pública".[65] Seu veredicto geral sobre o equilíbrio de poderes no interior da

---

62 *Quale socialismo?*, p.63, WS, p.82-3.
63 *La ideologia e il potere in crisi*, p.170.
64 *Quale socialismo?*, p.100; WS, p.43.
65 *Il Futuro della democrazia*, p.47; FD, p.57.

ordem ocidental é inequívoco: "Mesmo numa sociedade democrática, o poder autocrático está bem mais disseminado do que o poder democrático".[66] Para corrigir esses padrões autocráticos, Bobbio defende uma democratização de amplo alcance da vida social. Com isto ele se refere em primeiro lugar à difusão de princípios de uma democracia representativa e não direta: ou seja, a extensão dos direitos de livre organização e decisão atualmente restritos à votação política para as células básicas da vida cotidiana – trabalho, educação, lazer, habitação – dos cidadãos, onde quer que essa extensão seja praticável. "O atual problema da democracia", ele escreve, " não diz mais respeito a 'quem' vota, mas 'onde' votamos".[67] Colocar esta segunda questão não é utópico hoje em dia, pois Bobbio alega que o próprio desenvolvimento social tende a essa resolução. Assim, ele escreve: "estamos testemunhando a extensão do processo de democratização" – processo no qual "formas bem tradicionais de democracia, como a democracia representativa, estão se infiltrando em novos espaços, ocupados até agora por organizações hierárquicas ou burocráticas". Nessas circunstâncias, assinala, "creio que se justifica falar de uma autêntica virada na evolução das instituições democráticas".[68]

A contradição – a incompatibilidade fundamental – desse registro do pensamento de Bobbio com o anterior é patente. Aqui ele insiste nas deficiências ou limites desnecessários da democracia representativa. Isto é, ele se estende sobre as deficiências que apresenta como potencialmente superáveis por meio de uma extensão dos princípios democráticos mesmos, além de suas limitações existentes – mais profundamente no Estado e por meio da sociedade civil. Não pode haver dúvidas da sinceridade dessas suas propostas. Mas, como pode tal crítica ser relevante para uma ordem

---

66 *Quale socialismo?*, p.100; *WS*, p.113.
67 Ibid., p.100; *WS*, p.114.
68 *Il futuro della democrazia*, p.43-5; *FD*, p.54-6.

política que não pode sequer realizar seus próprios princípios dentro de seus atuais limites – e não por carência de vontade subjetiva, mas sob o peso de pressões objetivas irresistíveis? Ou a democracia representativa está fatalmente destinada a uma contração de sua substância, ou ela é potencialmente receptiva a uma ampliação dessa substância. Ambos não podem ser verdadeiros ao mesmo tempo. Eventualmente, Bobbio parece perceber isso e tenta atenuar a dificuldade com fórmulas, como: "nós procuramos mais democracia mesmo em condições que são ainda piores para obtê-la".[69] Mas, essa consciência é passageira. No geral, Bobbio não parece realmente consciente do quão radical e central é a contradição para seu discurso como um todo. A antinomia básica de sua teoria da democracia nunca se torna o objeto direto de uma reflexão sobre seu significado.

Como devemos explicar isso? A resposta parece ser a de que a contradição é precisamente o resultado involuntário da posição peculiar de Bobbio na confluência das três diversas correntes de pensamento anteriormente discutidas. Com efeito, o que ocorre é que ele submete seu ideal preferido – a democracia liberal – a dois tipos opostos e antagônicos de crítica. A primeira é conservadora: em nome de um realismo sociológico devido a Pareto e Weber, ele salienta todos aqueles fatores que impiedosamente tendem a esvaziar o Estado representativo de sua vitalidade e valor, tornando-o ainda mais uma sombra desapontadora de si mesmo. A segunda é socialista: em nome de uma concepção de emancipação humana (e não apenas política) derivada de Marx, ele salienta todas as áreas de poder autocrático nas sociedades capitalistas que o Estado representativo deixa completamente intocadas, privando-se, desse modo, das únicas bases sociais que o converteriam numa verdadeira soberania popular. Bobbio acumula as duas concepções, sem conseguir sintetizá-las. Na realidade, elas são inconciliáveis.

---

69 *Quale socialismo?*, p.46; *WS*, p.69.

Se é assim, poderíamos supor que o próprio Bobbio não conseguiria manter um equilíbrio entre as duas – a tentação de um realismo conservador e a solicitação de um radicalismo socialista. Para ver o desfecho de seu pensamento aqui, é necessário fazer a ele a pergunta que dá o título a um de seus principais ensaios. Qual socialismo, afinal, Norberto Bobbio defende? À primeira vista, a resposta parece suficientemente óbvia – uma democracia social moderada. O próprio Bobbio virtualmente propõe essa definição. Um tema recorrente de seus escritos tem sido o contraste entre os benefícios que a Europa do Norte tem desfrutado a partir de governos social-democratas efetivamente reformistas, com os infortúnios da Itália, a partir das divisões de um movimento trabalhista incapaz de desafiar a arrogância e a corrupção da hegemonia democrata cristã. Nos anos 50, Bobbio invocou a experiência positiva da administração Attlee na Grã-Bretanha indiretamente contra o PCI.[70] Nos anos 60, descreveu o período de formação da política italiana depois da Primeira Guerra Mundial como uma época de extremismo trágico, em que as forças opostas, mas relacionadas, da direita subversiva e da esquerda subversiva superaram os melhores impulsos do conservadorismo e do reformismo moderados, com desastrosas consequências para a democracia italiana.[71] Nos anos 70, ele criticou a defesa formal do PCI de uma "Terceira Via" entre o stalinismo e a democracia social como retórica estrategicamente vazia, que servia apenas para ocultar a necessidade de uma escolha clara entre métodos de mudança ditatoriais e democráticos – que exauriam entre si a gama de opções possíveis. Alegações de particularidade italiana como a base para uma Terceira Via superior eram presunção intelectual, como se este país atrasado – cujas peculiaridades relevantes eram apenas a máfia, corrupção oficial, evasão de taxas, inépcia burocrática e clientelismo, mercado negro e terrorismo – pudesse dar

---

70 *Politica e Cultura*, p.150.
71 *Profilo ideologico*, p.114-5.

lições às sociedades mais modernas da Europa.[72] Na realidade, comentava Bobbio, discursos cerimoniosos à parte, "como pode a prática até aqui dos dois maiores partidos da esquerda italiana ser descrita a não ser como, na mais benevolente das hipóteses, social-democrática? – Digo benevolente porque, para falar a verdade, comparado com a prática dos partidos social-democratas mais adiantados, o que o centro-esquerda já vivenciou e o Compromisso Histórico meramente propôs podem apenas ser descritos o primeiro como um expediente, e o outro, como uma retirada". Ele concluía seu veredicto sobre a Terceira Via dos anos Berlinguer com estas palavras: "Uma vez que o leninismo está excluído como inaplicável nas sociedades avançadas, que são de todo modo tão diferentes da Rússia ou da China para serem comparadas, eu francamente não vejo como o movimento trabalhista italiano pode evitar fluir no grande rio da Democracia Social, abandonando o fascinante, mas inescrutável, propósito de cavar um leito só para si – onde a corrente com toda probabilidade seria fraca em ímpeto e curta em curso".[73]

O endosso de Bobbio à democracia social, aparentemente inequívoco nessa avaliação, não obstante diz respeito expressamente a métodos e não a objetivos. Ele não subscreve o tipo de sociedade sobre a qual se tem fundado a democracia social no Ocidente e não exclui a possibilidade de um terceiro – quanto a isto, ele observa, um quarto ou quinto – modelo de sociedade, alternativo e preferível aos dois modelos antagônicos atualmente existentes, como distinto de uma terceira via rumo a um deles. O ponto essencial é que qualquer avanço em direção ao socialismo em países com instituições liberais deve preservá-las e proceder por meio delas. O realismo histórico de Bobbio o previne de negar que tem havido outros caminhos para a superação do capitalismo em outros períodos ou outras regiões. A demo-

---

72 *La ideologia e il potere*, p.124-5.
73 Ibid., p.126-7.

cracia não é um valor supra-histórico. "O método democrático é uma posse preciosa, mas não é apropriado para todos os tempos e todos os lugares." Em particular, pode haver situações de emergência ou levante revolucionário, "transições violentas de uma ordem para outra", onde ele é inaplicável.[74] Bobbio não tem ilusões de que a própria ordem liberal tenha vindo a existir liberalmente. Ela foi forjada numa "dura luta" contra os *anciens régimes* por uma "minoria de intelectuais e revolucionários" – seu episódio fundador o "resultado sangrento" da "pululação de seitas religiosas e movimentos políticos" na Guerra Civil Inglesa.[75] Do mesmo modo, a base da ordem democrática que finalmente a sucedeu, o governo da maioria primeiramente vislumbrado pelos niveladores, "não teve em geral ela própria sua gênese na decisão de uma maioria".[76] A capacidade de Bobbio de registrar as origens insurgentes do *Rechtsstaat*, ou a matriz coerciva de uma democracia consensual, não é apenas um sinal de sua liberdade das piedades *bien-pensants* de um tipo convencional. Ela reflete aquela corrente de seu realismo que deriva da tradição dos teóricos italianos da elite. Embora essa tradição tenha começado nas vestes saturninas do conservadorismo de Mosca e Pareto, ela passou na geração seguinte para as mãos de democratas moderados – homens como Burzio e Salvemini, dos quais Bobbio assimilou-a sem constrangimentos. "Que regime não é fruto de vanguardas conscientes e organizadas?" ele perguntou uma vez a um interlocutor comunista.[77] "Mudanças qualitativas na história ou processos revolucionários são obra de minorias."[78]

---

74 *Quale socialismo?*, p.74; *WS*, p.91.
75 *Politica e Cultura*, p.55; *Liberalismo e democrazia*, Milano, 1985, p.35. Este último texto contém a mais extensa discussão de Bobbio das variantes e vicissitudes históricas do liberalismo do século XIX, incluindo uma sagaz avaliação de Mill.
76 *Liberalismo e democrazia*, p.36; "Democrazia e maggioranza", *Revue Européene des Sciences Sociales*, XIX, n.54-5, p.378, 1981.
77 *Politica e Cultura*, p.55.
78 "La regola di maggioranza e i suoi limiti", in: V. Dini (ed.) *Soggetti e Potere*, Napolis, 1983, p.20.

Mas, uma vez que uma ordem democrática é estabelecida, Bobbio exclui – taxativamente – sua transformação por um *cenário* semelhante. O passado da democracia liberal é visto com um frio historicismo; seu presente, com um absolutismo categorial. A influência de Croce – famoso pelo *sang froid* de sua história da liberdade, servida mesmo por crimes contra ela – informa a primeira atitude; um recurso à teoria do direito natural, abominada por Croce, subjaz à segunda. Jogando tacitamente em ambos os registros, idealismo ítalo-germânico e empirismo anglo-francês, Bobbio é, sem dúvida, inconsistente. Mas ele não está violando um liberalismo comum que, virtualmente, requer algum amálgama deste tipo.[79] A dificuldade para ele surge no passo

---

[79] A filosofia do direito de Bobbio revela a mesma tensão. Por um lado, ele tem sido um expoente mais resoluto do positivismo legal que o próprio Kelsen, salientando o caráter historicamente contingente da "norma fundamental" deste último – que só pode ser vista como uma expressão da "ideologia liberal". Por outro lado, ele compartilha dos valores do *Rechtsstaat* tais como foram essencialmente concebidos por Kelsen, sendo assim levado a uma posição de direito natural do tipo que foi o objeto da crítica positivista original – agora transposta no que Bobbio denomina um "plano meta-jurídico". Para um cuidadoso desemaranhamento das contradições decorrentes, ver Sergio Cotta, "Bobbio, un positivista inquieto", in: Uberto Scarpelli (ed.) *La teoria generale del diritto* – problemi e tendenze attuale, Milano, 1983, p.41-55. O mesmo conflito entre uma rejeição intelectual e um compromisso político aos fundamentos do direito natural pode ser visto no tratamento de Bobbio dos direitos humanos. Esses, ele insiste vigorosamente, formam um amontoado de reivindicações maldefinidos, deslocados, com frequência mutuamente incompatíveis – nenhum dos quais pode ser considerado "básico", desde que o que parece fundamental é sempre particular a uma dada época ou civilização. Por outro lado, agora que todos os governos reconhecem sua codificação na Carta da ONU, o problema de seu fundamento teórico foi resolvido pelo advento de sua "universalidade factual" – não há, portanto, necessidade de justificá-los filosoficamente, apenas de protegê-los politicamente. Para este corte do nó górdio, ver "Sul fondamento dei diritti dell'uomo" e "Presente e avvenire dei diritti dell'uomo", in: *Il problema della guerra e le vie della pace* (primeira edição), Bologna, 1970, p.119-57.

seguinte, pois todos os países em que prevalece a democracia liberal são capitalistas. Como, dentro desse quadro, o socialismo pode então ser alcançado? A honestidade e a lucidez de Bobbio não lhe permitem evitar ou obscurecer o problema. Ele não dá uma resposta clara – as hesitações de seu pensamento são bem evidentes aqui. Mas, no fim, as conclusões para as quais se inclina são inequívocas, porque vislumbra as duas únicas estratégias coerentes para um socialismo significativo que lhe são disponíveis. Ele as descreve como reformas estruturais, vindas de cima, e ampliação da participação democrática, vinda de baixo. Qual é seu veredicto sobre elas? Exprime um ceticismo letal em relação a ambas. Ao escrever sobre as reformas estruturais, pergunta: "Vamos assumir que uma transformação total pode resultar de uma série de reformas parciais: até que ponto está o sistema preparado para aceitá-las? Quem pode excluir a possibilidade de que a tolerância do sistema tenha um limite, além do qual ele se estilhaçará ao invés de dobrar-se? Se aqueles cujos interesses são ameaçados reagem com violência, o que fazer a não ser responder com violência?"[80] Em outras palavras, os mecanismos centrais de acumulação e reprodução capitalistas podem ser inerentemente resistentes à mudança constitucional, impondo uma opção básica que força o rompimento da própria noção de reforma estrutural: respeitar as estruturas ou transgredir as reformas. O próprio Bobbio nunca demonstrou muito interesse na estratégia das reformas estruturais, cuja história remonta aos debates belgas e franceses dos anos 30. Mas, como vimos, ele tem considerado frequentemente a perspectiva de uma democratização progressiva da sociedade civil. Poder-se-ia esperar dele, portanto, que fosse mais otimista quanto ao potencial dessa estratégia. Mas, de fato, sua conclusão é igualmente sombria. "Há boas razões para se suspeitar que uma extensão progressiva das bases democráticas de nossa sociedade vai deparar com um obstáculo insuperável – digo

---

80 *Quale socialismo?*, p.85; *WS*, p.100-1.

insuperável dentro do sistema — nos portões das fábricas."[81] O espaço para reforma radical está fechado pelas propriedades mesmas da ordem econômica que a exige. Tais dúvidas, concordantes em sua lógica, tendem efetivamente a cortar as bases para a via democrático-parlamentar ao socialismo com a qual Bobbio está formalmente comprometido.

Ademais, elas se desdobram em dúvidas ainda mais radicais como a de qual poderia ser o destino da democracia sob o socialismo, uma vez alcançada uma sociedade sem classes. Foi visto que o liberalismo de Bobbio não é do tipo econômico: ele nunca demonstrou especial apego ao mercado. Mas, pela mesma razão, ele não tem demonstrado muito interesse também por alternativas econômicas ao mercado. O capitalismo como um sistema de produção, enquanto distinto de um conjunto de injustiças na distribuição, é de certo modo pouco mais do que um pano de fundo referencial, levemente repreensível para Bobbio — rejeitado no todo, mas nunca analisado. Consequentemente, quando ele pensa no socialismo, sua mudança na propriedade dos meios de produção não traz valor positivo em si. Pelo contrário, a socialização, além dos limites da economia mista, tende apenas a conjurar o espectro de um estado todo-poderoso, agora senhor da vida econômica além da social — um antigo medo liberal, é claro. O resultado é que Bobbio acaba prevendo que não só os mesmos obstáculos à democracia existirão sob o socialismo como sob o capitalismo, mas que os perigos serão na realidade ainda maiores: "Estou convencido de que numa sociedade socialista a democracia será ainda mais difícil".[82] Uma conclusão paradoxal para um socialista democrata, para dizer o mínimo.

---

81 *Quale socialismo?* p.85; *WS*, p.101. De fato, recentemente o escopo do ceticismo de Bobbio ampliou-se da fábrica para a sociedade civil como um todo. "A extensão das instâncias democráticas à sociedade civil me parece atualmente mais uma ilusão do que uma solução": "Introduzione", *Il sistema politico italiano tra crisi e innovazione*, p.20. Compare esta afirmação com a alegação citada na nota 68.
82 *Quale socialismo?*, p.83; *WS*, p.99.

Mas, estas duas reflexões – a provável inviabilidade de uma via democrática para o socialismo e os maiores riscos para a democracia partindo do socialismo – dão um destaque involuntário à opção histórica definitiva de Bobbio. Entre liberalismo e socialismo, ele, na prática, opta pelo primeiro. Às vezes justifica sua preferência com a alegação de que ela é, na realidade, a mais radical. Num certo sentido, escreve, a democracia é "uma ideia muito mais subversiva que o próprio socialismo".[83] Esta alegação hoje em dia já não se confina em Bobbio. Sua maneira de cumpri-la também disseminou-se – redefinir o socialismo como uma especificação setorial da democracia, ou exemplificação local de um conceito de ordem superior. Assim ele declara sua inclinação a uma concepção de socialismo que "enfatiza o controle do poder econômico por uma extensão das regras do jogo democrático à fábrica, ou à firma em geral, e não da transição de um modo de produção para outro" que envolveria uma "coletivização geral dos meios de produção".[84] O significado desta mudança – que se tornou virtualmente um *topos* da discussão recente – está na substituição que ela opera. A reconceituação do socialismo como essencialmente democracia econômica responde a um duplo propósito. Ela serve ao mesmo tempo para apropriar a legitimação central da ordem política existente para a causa da mudança social e para evitar o obstáculo ideológico central à implementação de tal mudança; a saber, a instituição da propriedade privada. Sua lógica é a de um logro – a palavra omitida é expropriação. Como tal, tem uma longa tradição atrás de si. De fato, foi o próprio Mill, provavelmente, o primeiro teórico explícito desta concepção – vislumbrar o socialismo como o crescimento gradual de uma democracia industrial que poderia ter os meios para deixar a propriedade capitalista dos meios de produção formalmente intacta, se elevasse os trabalhadores aos poderes gerenciais sobre esses meios

---

83 Ibid., p.53; *WS*, p.74.
84 "La filosofia política", Intervista, *Mondoperaio*, janeiro 1986, p.115.

"sem violência ou espoliação".[85] A mesma mudança intelectual, feita pelos mesmos motivos, pode ser encontrada em Russell, para quem "o autogoverno na indústria" era a "via pela qual a Grã-Bretanha pode melhor alcançar o comunismo".[86] Dewey tinha sua própria versão disso, procurando superar "métodos autocráticos de gerenciamento" em empreendimentos que eram "danosos à democracia" porque militavam contra "a comunicação efetiva em termos de

---

85 A esperança de Mill era a de que sociedades cooperativas se provassem tão bem-sucedidas que os trabalhadores demonstrariam crescente indisposição a continuar trabalhando apenas por salários. Em tais circunstâncias "os capitalistas privados e as associações gradualmente achariam necessário fazer com que todo o corpo de trabalhadores participasse dos lucros". Por meio desse processo, pensava ele, poderia finalmente ocorrer "uma mudança na sociedade" que "sem violência ou espoliação, ou mesmo qualquer perturbação súbita dos hábitos e expectativas existentes, realizaria, ao menos no departamento industrial, as melhores aspirações do espírito democrático" – definitivamente inclinando os capitalistas a emprestarem seu capital a trabalhadores "com juros decrescentes e finalmente, talvez, mesmo a trocar seu capital por anuidades amortizáveis". Mill desenvolveu essas noções nas edições de 1852 e 1856 de seu *Principles of Political Economy*, ver *Collected Works*, v.III, Toronto, 1963, p.793. Entre os autores modernos, Dahl talvez seja o que está mais próximo de Mill em inspiração aqui. Ver seus argumentos para propriedade cooperativa e sua concepção de avanços experimentais rumo a ela em *A Preface to Economic Democracy*, p.148-60.

86 "Os capitalistas valorizam duas coisas, seu poder e seu dinheiro; muitos indivíduos entre eles valorizam apenas o dinheiro. É mais aconselhável concentrar-se primeiro no poder, como é feito na busca de autogoverno na indústria, sem confisco dos lucros capitalistas. Isto significa que os capitalistas transformam-se gradualmente em óbvios zangões, suas funções ativas na indústria tornam-se nulas e eles podem definitivamente ser desalojados sem transtorno e sem a possibilidade de qualquer luta bem-sucedida da parte deles": *The Practice and Theory of Bolshevism*, London, 1920, p.183. É preciso dizer que em outro lugar Russell deu poucos motivos para se pensar que os capitalistas subestimassem seu poder, à diferença de seus ganhos – o tema de *Power: a Social Analysis* seria completamente o inverso – ou para supor que um resultado óbvio para seus prováveis espoliados não seria o mesmo também para eles.

toma-lá-dá-cá" ou a "livre negociação".[87] O reaparecimento dessa substituição em Bobbio testemunha sua persistência como um *leitmotiv* de sucessivas tentativas de casar liberalismo e socialismo. Se seus frutos práticos até aqui foram relativamente pequenos, a razão, em parte, é que as principais instituições sociais não aceitam geralmente serem descartadas de modo indolor. As prerrogativas da propriedade privada formam um bastião imensamente forte da ideologia dominante sob o capitalismo, cujo poder positivo é ulteriormente reforçado pela mensagem negativa inculcada pela divisão do trabalho – de que a hierarquia organizacional é a condição da eficiência industrial. Juntas, estas duas têm sido até aqui um páreo duro aos apelos à democracia econômica, todos prontamente tornados *ultra vires*. Será acidental que, contrariamente às extensões do sufrágio nas quais foram de forma otimista modelados, os direitos de codeterminação na indústria se tenham tão raramente, se tanto, provado cumulativos – e tenham sido tão facilmente diluídos ou revogados?

Bobbio é demasiadamente realista para não ter consciência dessas dificuldades. Sua afirmação de que a democracia é mais subversiva que o socialismo é mais tática que sistemática. O que ele realmente pensa pode ser encontrado em outro lugar. Sua convicção real é exatamente o contrário. "A aceitação de um regime democrático pressupõe a aceitação de uma ideologia moderada", declara ele.[88] Pois "decisões da maioria numa ordem política baseada em sufrágio

---

87 *German Philosophy and Politics,* New York, 1942 (reedição), p.46. Aqui, como em outros lugares, Dewey antecipou temas centrais dos escritos de Habermas. Argumentando que a América precisava de uma filosofia que "articularia os métodos e metas do modo de vida democrático", ele assegurava que "a filosofia que formula esse método seria uma filosofia que reconhecesse a primazia da comunicação" – dado que "preconceitos de *status* econômico, de raça, de religião, põem em risco a democracia porque estabelecem barreiras à comunicação, ou desviam e distorcem sua operação" (p.46-7).
88 "La filosofia politica", p.114.

universal permitem mudanças no sistema, mas não permitem uma mudança de sistema".[89] A permanência do capitalismo como uma ordem social torna-se, em outras palavras, uma premissa de qualquer participação efetiva no interior do Estado representativo. Paradoxalmente, como o próprio Bobbio candidamente nota, isto não significa que se o capitalismo é intocável, a democracia seja, por sua vez, inviolável. A história tem mostrado que, pelo contrário, – "não se pode mudar num salto qualitativo dado pela democracia, mas pode-se morrer de democracia".[90] Se uma via parlamentar ao socialismo está para ser vista, as experiências italiana e alemã entre as guerras são um lembrete de que há uma via parlamentar ao fascismo. Esta realidade incômoda tem que ser encarada. Para Bobbio, isto não restringe o valor da democracia liberal, mas realça a necessidade de salvaguardas constitucionais para protegê-la.

Esta permanece no final sua mais perdurável preocupação. Dos dois problemas – "quem governa? e como eles governam?" –, Bobbio declarou sem muita cerimônia em 1975 que "não pode haver dúvida de que o segundo sempre foi mais importante que o primeiro".[91] Sempre, em outras palavras, o que importa não é qual classe domina, mas a maneira como domina. Eis a opção de Bobbio, no nível mais profundo, pois o polo liberal de seu pensamento se torna manifesto. Pela mesma razão, das duas críticas da democracia representativa em seus escritos, é a conservadora e não a socialista que tem o peso final. Em seus escritos mais recentes, essa crítica tende mesmo – numa figura familiar – a tornar-se uma perversa apologia. Assim, fazendo da necessidade virtude, Bobbio pode escrever: "A apatia política não é de modo algum um sintoma de crise num sistema democrático, mas geralmente um sinal de boa saúde".[92] Isto

---

89 "La regola della maggioranza e i suoi limiti", p.20.
90 Ibid., p.21.
91 *Quale socialismo?*, p.38; *WS*, p.61.
92 *Il futuro della democrazia*, p.61; *FD*, p.67.

significa uma "indiferença benevolente" à política como tal, que se fundamenta no bom senso. Pois, nas sociedades democráticas, as principais mudanças sociais não são geralmente resultantes de modo algum da ação política, mas do progresso da capacidade tecnológica e da evolução das atitudes culturais – processos moleculares involuntários, e não intervenção legislativa deliberada. Tais "transformações contínuas", por meio do fluxo de invenções e do ajuste de costumes, reduzem bastante o significado do "reformismo tradicional" mesmo, cuja importância a democracia social – com toda sua moderação – tem tipicamente superestimado.[93] Nessas condições, é melhor aceitar a agenda política da competição limitada entre elites do que arriscar a estabilidade do quadro constitucional incluindo nela demandas muito ambiciosas. Bobbio expressa isto com sua habitual vivacidade na frase: "Nada arrisca mais matar a democracia do que um excesso dela".[94] Uma ótima fórmula elitista.

Conclusões, questões

Como devem ser julgadas estas cadências conclusivas? Seu significado pode ser procurado em dois níveis. Em um deles, elas refletem, sem dúvida, uma certa experiência biográfica que moldou Bobbio profundamente e da qual ele é perfeitamente autoconsciente – isto é, um desapontamento especificamente italiano. Em nenhum país da Europa ocidental, poder-se-ia dizer, foram tão legitimamente altas as esperanças políticas da esquerda, quando a guerra chegou ao fim, do que na Itália – que havia criado a maior Resistência popular, o mais vital fermento intelectual, o mais

---

93 "Riformismo, socialismo, eguaglianza", *Mondoperaio*, maio de 1985, p.67-8.
94 *Il futuro della democrazia*, p.13; *FD*, p.31. Este pensamento é tão antigo quanto a oligarquia romana. Cf. Cícero – "Liberdade em demasia pode reduzir um povo livre à servidão": *República*, I, p.68.

amplo movimento trabalhista radical; um momento cuja lembrança não está talvez totalmente extinta mesmo hoje em dia, algo dela vivendo na aura internacional do PCI. Mas em nenhum deles, também, foram tais esperanças tão radicalmente confundidas no decorrer das décadas que se seguiram. Os textos de Bobbio formam um prisma cristalino dessa história. Em 1945, ele declarou que "o expediente do sufrágio universal fecha o experimento democrático na forma de democracia indireta" e, em nome dos ideais federais de Cattaneo, defendeu ardentemente um avanço em direção à "democracia direta" por meio de uma "multiplicação das instituições de autogoverno".[95] Vinte e cinco anos depois, reeditando este ensaio junto com outros, ele o introduziu com as palavras: "Não escondo de mim mesmo que o balanço de nossa geração foi desastroso. Perseguimos as 'seduções alcinescas' de Justiça e Liberdade; conseguimos muito pouca justiça e talvez perdendo liberdade".[96] Estas linhas foram escritas no amargo ano – para Bobbio – de 1970. Seus temores de que a liberdade ganha pela Libertação se revelaria "fútil", esbanjada pela ordem estabelecida e então destruída pela subversão terrorista contra ela, alcançavam seu ápice no período seguinte. Em meados dos anos 80, ele considerou que o pior perigo havia passado e pôde observar com alívio a relativa estabilização da democracia italiana. Os termos nos quais ele o fez, contudo, eram dificilmente um tributo ao espírito cívico da nação: "Pode-se ser livre por convicção ou por mero hábito. Não sei quantos italianos

---

95 "Stati Uniti d'Italia", reeditado em *Una filosofia militante*. Studi su Carlo Cattaneo, Torino, 1971, p.55. Em 1946, relembra Bobbio, quando o Partito d'Azione estava às voltas com sua crise interna, "eu trovejei contra a ideia de dar nascimento a um partido de classe média que meramente restauraria a velha democracia parlamentar que havia sido morta pelo fascismo". Ver sua recente contribuição ao número especial de *Il Ponte* sobre socialismo liberal: XLII, n.1, janeiro-fevereiro de 1968, p.145 (um texto que contém também alguns afiados comentários sobre o destino do PSI).

96 *Una filosofia militante*, p.XI.

são realmente verdadeiros amantes da liberdade. Talvez sejam poucos. Mas há muitos que, tendo respirado a liberdade por muitos anos, não poderiam viver sem ela, mesmo que não saibam disto. Para usar um famoso dito de Rousseau, num outro contexto, os italianos vivem numa sociedade em que – por razões das quais a maioria deles é ignorante e indiferente – eles são 'obrigados a ser livres' por forças maiores que eles mesmos".[97]

Mas esta conclusão, recuando das previsões mais apocalípticas de Bobbio na década precedente, não atenuavam substancialmente seu balanço histórico da República que ele lutara para criar. Defendendo os valores da Resistência, uma batalha na qual "não estávamos enganados", ele recentemente lembrou mais uma vez o abismo entre "os ideais de ontem" e a "realidade de hoje", ao escrever: "Aprendemos a encarar a sociedade democrática sem ilusões. Não ficamos mais satisfeitos. Ficamos menos exigentes. A diferença entre nossas preocupações de então e nossas preocupações atuais está toda nisso. A qualidade geral de nossa vida comum não melhorou; na verdade, em alguns aspectos piorou. Somos nós que mudamos, tornando-nos mais realistas e menos ingênuos".[98] Essa declaração sincera explica em boa parte o aparente ajuste de Bobbio ao descolorido minimalismo da ordem representativa na Itália, sua disposição de achar razões – ou consolações – para a paralisia do interesse popular por política, sob elites cujo regime tem, pela maior parte do tempo, significado pouco mais do que pão e escândalos. Ele expôs sua própria perspectiva deste cenário com uma característica sinceridade autocrítica. Após desenvolver a casuística da conformidade citada acima – o caráter benevolente da indiferença política, as restrições necessárias nas alternativas políticas – ele observou: "Não sei se as reflexões que formulei aqui podem ser consideradas em geral razoáveis e realistas. Mas sei que elas serão consideradas

---

97 *Profilo ideologico del novecento italiano*, p.183.
98 *Italia civile*, p.6.

desiludidas e desencorajadoras por aqueles que, diante da degradação da vida pública na Itália, do espetáculo vergonhoso de corrupção, da total ignorância, do carreirismo e do cinismo com os quais a maioria de nossos políticos profissionais se apresentam todos os dias, pensam que os canais permitidos pelo sistema são inadequados para a realização de reformas, sem falar de transformação radical". Dirigindo-se a estes, Bobbio prosseguia: "Este autor pertence a uma geração de pessoas que perderam suas esperanças há mais de trinta anos, logo depois do fim da guerra, e nunca as recuperaram a não ser por momentos ocasionais, tão raros quanto rápidos, e que não levaram a nada. Estes vinham numa média de um por década: a revogação da *Legge Truffa* (1953), a formação do centro-esquerda (1964), a grande revivescência do PCI (1975)". "Como alguém que passou por muitos anos de esperanças frustradas, aprendi a me resignar com minha própria impotência... Mas aceito plenamente que estes argumentos não são importantes para os jovens na Itália, que não conheceram o fascismo e conhecem apenas esta democracia nossa, que é menos do que medíocre e, portanto, não estão igualmente dispostos a aceitar o argumento do mal menor."[99]

Tais sentimentos e a vivência por trás deles separam Bobbio de seus predecessores. Não há razão para se duvidar de sua sinceridade. Mas a um respeito eles não conseguem lhe fazer justiça. Há uma diferença entre ideal e influência. O desapontamento não é necessariamente impotência. As esperanças iniciais de Bobbio não se realizaram, mas é notável como frequentemente suas advertências posteriores foram consideradas. Se se compara seu registro com os de Mill, Russell ou Dewey, é claro que ele nunca foi um pensador original da maneira que eles foram. Ele é o primeiro a sublinhar o caráter derivativo de suas próprias ideias principais, para ele um traço comum da cultura italiana do pós-guerra como distinto daquele dos primeiros anos do

---

99 *Il futuro della democrazia*, p.64-5; *FD*, p.70-1.

século.[100] Mas seu impacto político em sua própria época foi certamente maior que o deles. Bobbio, com efeito, estimulou o Eurocomunismo no PCI, e previu sua adoção, vinte anos antes do evento. Ele desempenhou um papel significativo no abandono pelo PSI de seu passado marxista. Ele ajudou a desacreditar o desafio da extrema esquerda no mesmo período. Ele antecipou o repúdio da noção de Terceira Via pelos principais partidos do movimento operário italiano. É difícil pensar em outro intelectual que tenha tido um tal efeito tão real e visível sobre o clima político de seu país desde a guerra.[101] Em sucessivos debates, Bobbio fez juz à sua influência não apenas por uma comum combinação dos dotes de expressão e de erudição, mas por uma singular transparência e probidade pessoal. Mesmo ao defender posições cada vez mais neomoderadas contra críticas mais do que justificadas de oponentes radicais, sua superioridade moral e intelectual sobre eles tem geralmente transparecido.

Entretanto, esta moderação acabou, como vimos, pondo em dúvida todo o projeto de casar liberalismo e socialismo. Mill descrevia os esquemas socialistas como "quiméricos", antes da mudança de concepção que iniciou a história das tentativas teóricas de uni-los aos princípios liberais. Bobbio, depois de participar no movimento prático do Partito d'Azione para alcançar este socialismo liberal, declara-o posteriormente "quimérico" – não mais do que uma sublime veleidade".[102] Além das razões históricas para essa ironia,

---

100 "Tudo o que era feito então trai precipitação, improviso e não tem originalidade. Éramos, na melhor das hipóteses, popularizadores." *Maestri e compagni*, p.26.

101 A única exceção importante a este registro só lhe honra – sua oposição às armas nucleares. Ver seus amargos comentários sobre a completa indiferença da política e da cultura oficiais italianas a este respeito na segunda edição de *Il problema della guerra e le vie della pace*, Milano, 1984, p.5-7: "aqueles que disparam o alarme são como cães uivando para a lua".

102 *Una filosofia militante*, p.201; *Liberalismo e democrazia*, p.62: "En-

inscritas na própria vivência política de Bobbio, havia uma outra intelectual também. Desde o início, sua formação teórica incluiu não apenas uma linha socialista e uma liberal, mas também uma conservadora. Bobbio sempre permaneceu sincera e admiravelmente progressista em suas simpatias e intenções pessoais: por quaisquer padrões, um nobre pensador iluminista. Mas o que seus escritos parecem mostrar é um padrão de afinidades eletivas em funcionamento, a despeito dessas intenções. Por isso, nos textos de Bobbio, o do socialismo liberal revela-se como um edifício instável: os dois elementos do liberalismo e socialismo, depois de aparentemente atraírem-se mutuamente, terminam por separar-se e, no mesmo processo químico, o liberalismo desloca-se rumo ao conservadorismo.

Quão representativa é esta recombinação? Abstraídas todas as circunstâncias italianas, até onde são essas afinidades eletivas mais amplamente operativas – independentemente da vontade de pensadores individuais – no pensamento político moderno? Como um termo, o liberalismo apareceu pela primeira vez no mundo como bandeira do 18 Brumário do Ano VIII, quando Napoleão deu fim à República Francesa, declarando que assumia o poder para "proteger os homens de ideias liberais".[103] Por meio de todas as suas vicissitudes subsequentes, o motivo originário talvez nunca tenha desaparecido completamente. Mas é igualmente verdade que o Primeiro Império gerou alhures uma recepção mais radical da ideia – o mesmo termo inspirando na Espanha a primeira revolução europeia contra a Restauração. Quando a Velha Ordem foi desafiada em escala continental, em 1848, teve início a tentativa recorrente de estender o liberalismo para além de si mesmo, para ir ao encontro de novas classes sociais e valores. Até hoje, o que

---

quanto a conjugação de liberalismo e socialismo tem permanecido uma sublime veleidade, a crescente identificação do liberalismo com as forças do mercado é uma realidade incontestável".
103 Otto Brunner, Werner Conze, Reinhart Koselleck (eds.) *Geschichtliche Grundbegriffe*, v.III, Stutgart, 1982, p.749-51.

é surpreendente é a desproporção entre as credenciais intelectuais e os resultados políticos dos sucessivos projetos que se seguiram. Apesar de toda boa vontade e talento dispendidos, a síntese de liberalismo e socialismo até aqui não foi alcançada. Isto não quer dizer que deva. As energias renovadas que a concepção atrai atualmente – pois quem desejaria um socialismo não liberal? – poderiam apontar para outra direção. É muito cedo para dizer. Mas a compreensão da história do empreendimento tende a ser uma condição para levá-lo a bom termo.

2

INVESTIGAÇÃO NOTURNA:
CARLO GINZBURG

Carlo Ginzburg tem muitos títulos para ser considerado o historiador europeu proeminente da geração formada no fim dos anos 70. Poucos, com certeza, o igualaram em originalidade, variedade e audácia. Ele se lançou com uma descoberta espetacular: o primeiro, e ainda único, caso documentado de complexo mágico funerário e de fertilidade na zona rural dos primórdios da Europa moderna, os transes dos Benandanti, em Friuli, descobertos por acaso pela Inquisição Romana. Em seguida, ele transformou a genealogia da dissimulação religiosa na época da Reforma, rastreando as origens do nicodemismo – doutrina teológica que sanciona a ocultação pública de fé privada – até a derrota da Guerra dos Camponeses na Alemanha e círculos próximos ao anabatismo, bem antes do advento de Calvino, cujos ataques contra aquele movimento cunharam o termo. Seguiu-se então seu famoso e vívido retrato do moleiro autodidata italiano Menocchio, cuja cosmologia de geração espontânea – o mundo nascido como queijo e vermes – ele relacionou a um materialismo camponês subterrâneo. Mudando novamente de terreno, Ginzburg sugeriu então uma nova explicação iconográfica das principais obras de Piero della Francesca, vinculando-as por intermédio de um despercebido humanista aretino à união abortada das Igrejas Grega e

Romana e às cruzadas, planejadas por ocasião da queda de Constantinopla. A coesão intelectual e a novidade destas diversas investigações podem ser mais bem abrangidas nos ensaios que constituem a recente antologia *Mitos emblemas sinais*. Suas peças centrais são duas longas reflexões metodológicas, a primeira sobre a tradição Warburg de história da arte, e a segunda, sobre a heurística geral da atribuição, da antiga adivinhação ao moderno conhecimento da psicopatologia dos lapsos verbais.[1]

O novo livro de Ginzburg, *Storia notturna*, vai além de cumprir a promessa de sua obra anterior.[2] É de longe seu mais ambicioso trabalho até agora. Com o subtítulo de "Decifrando o Sabá", ele propõe uma vasta e dramática reinterpretação da imagem central da noção europeia delirante de feitiçaria. Longe de ser simplesmente uma invenção fóbica dos perseguidores, elaborada a partir de estereótipos fixos de diabolismo herético e fragmentos esparsos de magia rural, o Sabá das bruxas refletia as mais profundas estruturas mitológicas da cultura popular da época – uma rede de crenças e práticas enraizadas no xamanismo eurasiano, estendendo-se da Irlanda ao Estreito de Bering, e remontando a um passado de milênios no Mundo Antigo até as trevas das origens indo-europeias e ural-altaicas. Numa introdução polêmica, Ginzburg critica os historiadores que se

---

1 *Os andarilhos do bem*, feitiçarias e cultos agrários nos séculos XVI e XVII, Companhia das Letras,1988; *Il nicodemismo* – simulazione e dissimulazione religiosa nell'Europa del cinquecento, Torino, 1970; *O queijo e os vermes*, o cotidiano e as ideias de um moleiro perseguido pela Inquisição, São Paulo: Companhia das Letras,1987; *Indagini su Piero* – Il battesimo, il Ciclo di Arezzo, la flagellazione di Urbino, Torino, 1981; *Mitos emblemas sinais* – morfologia e história, São Paulo: Companhia das Letras, 1990. Em inglês respectivamente: *The Night Battles*, London, 1983; *The Cheese and the Worms*, London, 1980; *The Enigma of Piero*, London, 1985; *Myths Emblems Clues*, London, 1990. Doravante: *NW*, *CW*, *EP*, *MEC*.
2 *História noturna* – decifrando o Sabá, São Paulo: Companhia das Letras, 1991; *Storia notturna*, doravante *SN*.

concentraram nas autoridades e procedimentos que mobilizaram os processos europeus contra as bruxas, a expensas da pesquisa das crenças das pessoas perseguidas como bruxas – Trevor-Roper em primeira instância, mas também Keith Thomas, acusado de reducionismo e funcionalismo. Contra essa tradição, Ginzburg opõe o que ele considera o programa superior de tratamento de Lévi-Strauss do mito como sistemas simbólicos, cujo significado oculto é gerado por operações inconscientes da mente humana – embora a antropologia de Lévi-Strauss tenha dado peso insuficiente à pesquisa histórica propriamente dita. Contrastando com isto, a meta de Ginzburg é combinar a morfologia e a história do Sabá – seus significados sincrônicos e desenvolvimento diacrônico – numa única reconstrução abrangente.

O argumento da *Storia notturna* divide-se em três partes. A primeira abre dramaticamente, com um relato em *staccato* do *pogrom* francês contra leprosos e judeus em 1321, acusados do envenenamento de poços numa conspiração contra a cristandade orquestrada pelo "rei de Granada", muçulmano. Desloca-se então para o massacre de judeus em 1348, como agentes de uma conspiração para disseminar a Morte Negra, que desdobrou-se mais para leste rumo aos Alpes. Em cada caso, foram extorquidas das vítimas confissões de uma iniquidade fantasmagórica sob pressão de tortura. Por volta de 1380, os inquisidores estavam à caça de heréticos valdenses no flanco sul dos Alpes. Logo em seguida, sugere Ginzburg, os temores obsessivos em ação nessas perseguições de sucessivos grupos marginais condensaram-se e deslocaram-se para o espectro de uma nova seita praticante de feitiçaria nas regiões alpinas. Com isto, vieram à tona outros temas terríveis, ausentes das confissões anteriores. Em torno de 1440, o pesadelo pleno do Sabá – diabolismo, antropofagia, metamorfoses animais, voos sobrenaturais, promiscuidade – havia sido incubado na imaginação cristã.

Ginzburg não vai atrás das consequências. Interrompendo aqui seu relato histórico, ele desloca-se diretamente para o significado do que ele denomina o "núcleo folclórico" do Sabá – identificado com os motivos do voo noturno e da transmogrificação animal. A segunda parte da *Storia notturna* segue a arqueologia da tese. Ela apanha três origens cúlticas por trás das crenças populares que entraram na composição da imagem do Sabá: experiências extáticas (por mulheres) de uma deusa noturna rodeada por animais; e (por homens) de uma batalha noturna para assegurar a fertilidade ou prosperidade; e procissões rituais (de homens) mascarados como animais. Ginzburg rastreia cada uma delas ao longo de formidáveis distâncias temporais e geográficas, partindo da Grécia Arcaica e da Gália Galo-Romana: a primeira, na Lombardia, Escócia, Sicília, Renânia; a segunda, na Letônia, Dalmácia, Hungria, Romênia, Finlândia, Córsega, Cáucaso; a terceira, na Alemanha, Bulgária e Ucrânia. Por meio de todo tipo de variação exótica, contudo, todas revelam uma origem comum – a viagem à terra dos mortos, levada a cabo no transe do xamã. A jornada do vivo à terra da morte, simbolizada em tais práticas por milhares de anos, constituía o cerne clandestino do Sabá, como ele se configurava no fim da Idade Média.

Na terceira parte do livro, Ginzburg explora explicações possíveis para a unidade morfológica de um folclore que se estende aos confins da Sibéria e do Turquestão. E começa sugerindo que ele pode ter derivado de migrações nômades que partiram da Ásia Central no século VIII a.C., levando os citas – um povo iraniano – para o Cáucaso e às estepes do norte do Mar Negro, onde entraram em contato com mercadores e colonizadores gregos que absorveram certas características xamânicas de sua cultura. No século VI, contingentes citas penetraram no sul, estabelecendo-se em Dobrudja, onde dominaram uma população local trácia, ulteriormente acrescida de povoamentos celtas. Poderia esta região cita ter sido o cenário original de uma síntese cultural, fundindo elementos mitológicos de todos os três povos num substrato milenar de crenças e costumes, capaz de espalhar-se pelo continente e sobreviver nas profundezas da memória dos povos da época de Heródoto à de Galileu, se não mais além? Será que a notável semelhança da arte de "Estilo Animal", cujas formas decorativas se estendem da

China à Escandinávia num *continuum* em que as realizações citas se destacam, testemunham tais conexões históricas? Depois de lidar com a plausibilidade destas hipóteses, Ginzburg passa a ressaltar a limitação de todas as explicações difusionistas – o que deixa sem resposta a questão de por que contatos externos entre sociedades deveriam levar à reprodução interna das formas de uma na outra. O problema colocado pela persistência através do tempo e pela dispersão no espaço dos motivos xamânicos só pode ser resolvido, conclui ele, postulando-se a existência de características estruturais gerais da mente humana.

Para demonstrá-lo, Ginzburg passa a examinar – em outro súbito deslocamento de enfoque – mitos e ritos envolvendo coxeadura. Este motivo já havia sido discutido por Lévi-Strauss, que o relacionara à mudança de estações. Rejeitando esta interpretação, Ginzburg explora (em primeira instância) a mitologia grega no que toca a toda manifestação de uma categoria mais profunda, em que a coxeadura é apenas uma variante, juntamente com a perna ferida, o pé perfurado, o calcanhar vulnerável, a sandália perdida, que ele chama "deambulação assimétrica". Édipo, Perseu, Jasão, Teseu, Hércules, Aquiles, Filotetes, Empédocles e uma legião de outras figuras exibem este motivo – assim como Cinderela, o mais amplamente disseminado dos contos folclóricos, ou a dança chinesa do "passo de Yu". Seu significado simbólico é uma jornada ao mundo dos mortos. Mas se a recorrência deste motivo pertence a uma mitologia eurasiana unitária, ela está ancorada numa experiência humana universal, "a autoimagem do corpo". A deambulação assimétrica é um significante privilegiado de contato com a morte, porque todos os seres vivos são simétricos em forma, e entre eles os humanos são especificamente bípedes. O dano no andar implica pôr um dedo figurativo nas águas da extinção. Há assim, afinal, um fundamento ontológico para a simbolização da viagem além da experiência humana, ao mundo habitado pelos mortos. Os mitos estabelecem os limites de suas próprias variações, porque são limitados pelas estruturas formais da imaginação.

A *Storia notturna* termina com uma breve "Conclusão", que é, na verdade, mais do que uma coda. Aqui, Ginzburg sugere que se a imagem do Sabá das bruxas pôde amalgamar tão eficazmente obsessões clericais vindas de cima e mitos populares vindos de baixo, isto deveu-se em parte ao fato de eles compartilharem um temor comum à conspiração – cuja forma popular era a crença de que aqueles que haviam morrido recentemente eram movidos por ressentimentos hostis para com os que ainda estavam vivos. Talvez, também, ele especula, houvesse um elemento psicotrópico nos transes que de fato contribuísse ou fosse projetado no complexo todo – o uso de centeio ou cogumelos alucinógenos. De alguma forma, os mitos que fluíam no Sabá convergiam todos na noção de uma jornada ao além e na volta, atravessando o mundo dos mortos e dele retornando. Ginzburg termina argumentando que a permanência desse tema, igualmente entre sociedades caçadoras, pastorais e agrícolas, tenha talvez uma explicação simples, mas fundamental: a viagem rumo aos mortos não é apenas uma narrativa entre outras, mas a matriz original de todas as narrativas possíveis. Nos caldeirões da Noite de Walpurgis estão amalgamados os ingredientes de todos os contos humanos.

Por quaisquer padrões, esta é uma realização audaciosa. É difícil pensar em qualquer outro historiador que combine tal erudição cultural polimática, domínio de detalhe textual ou visual e altas metas teóricas – sem falar do talento literário. O resultado é uma obra de efeito vertiginoso. Pode haver pouca dúvida quanto ao público que ela está destinada a ganhar. Apesar de todas suas virtudes extraordinárias, contudo, *Storia notturna* coloca uma série de problemas difíceis, referentes ao método que adota, às conclusões a que chega, à perspectiva que sugere. O melhor é começar pelo primeiro. Ginzburg nos diz logo de início que o procedimento de seu livro foi inspirado por um comentário de Wittgenstein sobre o *Golden Bough* de Frazer, no sentido de que materiais mitológicos não precisam ser estabelecidos historicamente, como fez Frazer (situando-os numa sequência evolucionária), mas poderiam igualmente ser apresentados "perspicuamente", isto é, explicou ele, "apenas organizando o material fatual de modo que possamos passar facilmente de uma parte para outra" e com isto "ver as conexões". Por isso, prosseguia Wittgenstein – eis o lema que Ginzburg adotou para sua pesquisa – "a importância de encontrar *elos intermediários*", "de forma que se possa ilustrar a relação interna de um círculo com uma elipse, transformando gradualmente uma elipse num círculo".[3] Para Ginzburg, era este o código para o tipo de morfologia que ele estava procurando. Uma versão mais formalizada dela encontrava-se num ensaio do antropólogo inglês Rodney Needham, sobre "Classificação politética", que Ginzburg usa devidamente.[4] Também Needham impressionara-se muito com os *insights* de Wittgenstein, embora ele se baseasse por sua vez no texto familiar das *Investigações filosóficas* que descreve a noção de um jogo como indicando nada mais do que uma "semelhança de família", sem nenhuma característica comum no conjunto em que é usada, da mesma forma que "a força de uma linha não reside no fato de que alguma outra linha corre por toda sua extensão, mas na *sobreposição* de muitas fibras".[5] Enquanto a classificação monotética requer a presença de ao menos um traço comum na classe identificada, a classificação politética – argumentava Needham – exige simplesmente que cada membro do conjunto exiba um grande número da gama de traços relevantes e que estes traços estejam expostos num grande número dos membros. Ele ilustrava a ideia básica com três sistemas decrescentes, o primeiro exibindo características p/q/r, o segundo r/s/t e o terceiro t/u/v: este era o tipo de sobreposição suficiente para propósitos politéticos.

Ao salientar a importância desse tipo de classificação para as ciências sociais, Needham não obstante colocou duas

---

3 *Remarks on Frazer's "Golden Bough"*, Retford, 1979, p.8-9.
4 Polythetic classification: convergence and consequences, *Man*, v.10, p.349-69, 1975, agora em *Against the Tranquility of Axioms*, Berkeley, Los Angeles, 1983, p.36-65.
5 *Philosophical Investigations*, Oxford, 1978, p.67.

advertências. Era o exemplo das ciências naturais, em que fora pela primeira vez empregado, que dera peso à validez do método; ali, contudo, as descobertas de taxonomia bacteriana sugeriam que não fazia, no fim das contas, muita diferença, na medida em que um núcleo monotético de propriedades comuns aparecia de qualquer modo em classes politéticas. Por outro lado, enquanto na natureza há especificidades empíricas discretas – elementos e partículas – a partir das quais classes podem ser indiscutivelmente erigidas, não existem quaisquer unidades prontamente isoláveis desse tipo na sociedade. Para dar conta dessa dificuldade, Needham chegou mais tarde a postular certos "fatores primários da experiência humana" como elementos básicos subjacentes à possibilidade de classificação politética na antropologia.[6] Mas alertou que isto não passava de uma noção vaga, desde que carecia de uma definição rigorosa do que era colocado como "um grande número" de características ou de membros.[7] Ginzburg, por sua vez, rejeita os fatores primários da experiência de Needham como uma concepção muito próxima aos arquétipos junguianos. Mas não oferece elementos alternativos de caráter formalmente comparável no lugar deles; além de negligenciar o problema da definição do alcance aceitável de uma classe. O resultado é efetivamente um cheque em branco hermenêutico, emitido com base numa confiança acrítica em Wittgenstein. É um suporte um tanto frágil. Em geral inocente quanto às ciências sociais, Wittgenstein foi atraído logo por algo superficial entre elas – o trabalho de Oswald Spengler. Não é por acaso que na própria observação sobre o *The Golden Bough* usada na *Storia notturna* o único exemplo específico dado por Wittgenstein sobre o método que recomendava fora, exatamente, Spengler – que Ginzburg, com tato, omite na citação. A ingenuidade das receitas morfológicas de Wittgenstein é deste modo o que se deveria esperar. Seme-

---

6 *Circunstantial Deliveries*, Berkeley-Los Angeles, 1981, p.1-3.
7 *Against the Tranquility of Axioms*, p.58.

lhança familiar: quem nunca assustou-se com as estultícias da descoberta dela em alguma improvável característica da criança – e quanto a isso também do adulto – pelo tio senil ou avô gagá? Vínculos intermediários: pelo método de mudanças graduais, círculos podem ser geometricamente transformados não apenas em elipses, mas em qualquer variedade de formas ovais – ou mesmo em hexágonos, triângulos ou quadrados, à vontade. Como princípio de comparação, o procedimento permite aproximações sem fim.

Os mitos sempre constituíram um terreno traiçoeiro para análise morfológica, ao mesmo tempo aparentemente hospitaleiros em sua variação formal, embora na verdade intratáveis em sua falta de segmentação natural. O tipo de análise estrutural praticada por Lévi-Strauss depende sempre de uma série de ordens analíticas que fragmentam a unidade narrativa em quantas unidades semânticas forem convenientes para o analista, para reordenação em padrões supostamente subjacentes. Na ausência de critérios independentes para seleção das características assim traduzidas, os resultados são notoriamente contestáveis: dificilmente algum dos exercícios de Lévi-Strauss já desfrutou de consenso geral. Aparentemente insensível às objeções de método tão frequentemente levantadas contra eles, a única verdadeira crítica que Ginzburg dirige a Lévi-Strauss é a de ser insuficientemente fiel a si mesmo. *Plus royaliste que le roi*, ele o acusa de ter recaído numa interpretação frazeriana vulgar, ao considerar a coxeadura um mero motivo ocasional ao invés de fatal – ou, como ele diz com grandiloquência: "meu Frazer leu Wittgenstein".[8] As consequências são o que era de esperar. Para ser operacionalmente defensável, a classificação politética requer uma demarcação argumentada das características limitando o conjunto em questão e uma especificação livre de ambiguidades da proporção delas que pode ser incluída. A menos que cada uma destas – características e proporções – signifique um agrupamento *dominan-*

---

8 *SN*, p.261, 184.

te, a classe será mais ou menos arbitrária. Ginzburg não tenta mostrá-lo. Ao invés disso, ele escolhe em mitos sucessivos aqueles elementos que lhe interessam, vinculando-os então como "elos intermediários" numa cadeia que confere um significado comum a eles. Sua busca monotemática através da mitologia clássica à cata de deambulações assimétricas é um brilhante feito de imaginação. Mas malgrado toda sua engenhosidade, ela se apoia numa série de extrapolações calculadas dos contextos narrativos dos mitos em questão.

A história de Édipo é claramente centrada em questões sexuais e familiares. Sófocles prestou pouca atenção à sua coxeadura, o que o próprio Ginzburg admite. Mas ele minimiza a evidência da tragédia ateniense com a "suposição" de que "na versão mais antiga do mito de Édipo", pés perfurados eram o primeiro estágio de um conto relacionado à viagem ao mundo dos mortos.[9] A descrição de Aquiles em Homero nem sequer menciona seu calcanhar – que é um acréscimo tardio, registrado pela primeira vez sob o Império Romano. Sem desanimar, Ginzburg nos diz que por trás do herói retratado por Homero, e desconhecido para ele, "tem-se discernido" um deus dos mortos mais antigo de origem cita.[10] A figura de Teseu, frequentemente vinculada ao mar, não exibia nenhum defeito físico. Ginzburg, não obstante, o elenca para sua construção com base em que ele erguera uma rocha para achar um par de sandálias e a espada de seu pai – um caso, de fato, de círculo malabarizando-se do triângulo ao quadrado, pois não há sequer assimetria nesta deambulação. A lenda de Prometeu é indiscutivelmente focada em questões de conhecimento. Não há sequer um leve indício de coxeadura no "conteúdo manifesto", em qualquer de suas variantes. Ginzburg, porém, alega primeiro um paralelo caucasiano, no qual um herói, ao roubar fogo, sacrifica alguma parte de si mesmo para uma águia salvadora, que a restaura, e em seguida um conto folclórico italiano

---

9 *SN*, p.208. A suposição vem do ensaio de Propp sobre Édipo.
10 Ibid., p.212.

no qual um outro herói, sem descobrir o fogo, perde um calcanhar para o pássaro salvador. A partir desse exemplo gráfico do método de elos intermediários – ele observa casualmente que o tema da inteligência não desempenha papel algum em nenhuma das fábulas –, ele conclui confiantemente que com toda probabilidade é por "puro acaso" que Prometeu não sofre de nenhuma assimetria de deambulação nas versões que chegaram até nós.[11] Os helenistas poderiam muito bem retrucar que a única coisa manca no herói grego é esta explicação dele.

Em seu entusiasmo, Ginzburg batiza este paralelismo entre a Grécia Antiga e a Geórgia ou Modena modernas com o mesmo epíteto que ele já usara para descrever a convergência que encontrara entre a cosmogonia de Menocchio e a mitologia védica ou kalmuck: *stupefacente*.[12] Com o método "perspícuo" de "organizar o material factual", Wittgenstein garantia: "podemos passar facilmente de uma parte para outra". Bem assim. As passagens são muito mais fáceis quando a morfologia se deixa despejar rapidamente de um mito para outro numa torrente aceleradora de identificações – cuja prova local consiste com frequência principalmente de variações sobre a fórmula "foi sugerido", que recorre com uma insistência de contador de histórias.[13] Finalmente, deuses e heróis gregos fluem – "quase inevitavelmente" – para o grande estuário dos contos de Cinderela. Aqui, Ginzburg destaca como especialmente significativas as versões que incluem a coleta, pela heroína, dos ossos de um animal que a ajudou. Ele passa então a alegar que "a versão

---

11 *SN*, p.239.
12 Ibid., p.239; *Il formaggio e i vermi*, p.68; *CW*, p.58.
13 A construção preferida é um passivo impessoal: ver *SN*, p.207-8, 211-3, 217, 220: *sono stati interpretati – si è identificato – si è supposto – è stato attribuito – è stato individuato – è stata accostata – si suppose – si è proposto – è stato accostato* etc. Referências de apoio são em cada caso encontradas em notas de rodapé, mas essas são raramente acompanhadas por indicações de leituras alternativas ou contrárias dos mesmos mitos.

mais completa" da fábula incluía a ressurreição ulterior do animal morto a partir de seus ossos.[14] Mas das trezentas e tantas histórias tidas como versões de Cinderela através do globo, menos de dez por cento incluem o recolhimento de ossos, e menos de um por cento – apenas três casos – incluem ressurreição. Diante de tal desafio da frequência distributiva, é difícil não ver uma conclusão preconcebida. A ressurreição de um animal a partir de seus ossos é, claramente, uma representação xamânica da viagem aos mortos.

Em seu influente estudo "Clues", que pode ser considerado um manifesto histórico geral, Ginzburg defendia um paradigma epistemológico atento a pequenos traços e discrepâncias como sinais de verdades ocultas, cujos grandes pioneiros modernos foram Morelli e Freud. O tipo de conhecimento "circunstancial" a ser arrancado de pistas menores remontava aos primeiros caçadores espreitando pegadas no solo; era praticado pela antiga medicina e adivinhação; inspirou jurisprudência e paleontologia; antes de adquirir forma moderna exemplar no "connoisseurismo" e na psicanálise. Ao contrário do conhecimento quantitativo e generalizante, inaugurado pela física galileana, ele buscava a individuação qualitativa de seus objetos. Como tal, era o paradigma apropriado não só para a história, mas para o conjunto das ciências humanas, que com o tempo o foram assumindo progressivamente como seu modelo. De maneira mais geral, na verdade, testemunhamos a decadência do pensamento sistemático, após as insensatas pretensões de Marx e a ascensão do pensamento aforístico, associado a Nietzsche – iluminação no fragmento.[15] Embora este argumento lembre a familiar divisão neokantiana entre disciplinas monotéticas e ideográficas, na medida em que Ginzburg também apela à experiência subjetiva para seu paradigma circunstancial, a ênfase heurística que ele dá ao vestigial e ao anômalo o põe à parte. Mas, é claro, estes podem sugerir

---

14 *SN*, p.228.
15 *Miti emblemi spie*, p.158-209; *MEC*, p.96-125.

investigação em qualquer campo das ciências naturais ou sociais, justamente por nunca esgotar nenhum. Eles não fornecem nenhum modelo especial para estas últimas, que – contrariamente à sugestão de Ginzburg – certamente não estão mais próximas do modelo do "diagnóstico" em oposição à medicina "anatômica", como um olhar aos procedimentos da economia ou da sociologia mostraria.

O que é mais surpreendente, contudo, é que defendendo o "paradigma circunstancial", Ginzburg não discrimina entre suas ilustrações: necromancia e ciência, conhecimento empírico e fantasia empírica, que acotovelam-se lado a lado em seu catálogo das artes da decifração. Talvez isto ocorra porque Ginzburg assume que houve uma seleção histórica delas, deixando hoje apenas candidatas garantidas para o que ele denomina o "rigor elástico" que lhes é específico. Mas o oxímoro diz o suficiente. Ao mencionar numa passagem a devastadora obra de Sebastiano Timpanaro, *The Freudian Slip*, Ginzburg diz que teria revertido seu julgamento – "enquanto Timpanaro rejeita a psicanálise por sua proximidade intrínseca à magia, eu procuro mostrar que não apenas a psicanálise, mas a maioria das assim chamadas ciências humanas tiram sua inspiração de uma epistemologia da adivinhação".[16] Timpanaro concentrava seu ataque, conclusivamente, contra a associação de ideias como um método de interpretação do *lapsus*, mostrando que ela era incapaz de *não* descobrir o significado que Freud lhe atribuía. Em analogia com este método, Wittgenstein recomendava abordar mitos e rituais como uma "associação de práticas".[17] Esta seria uma maneira de descrever o que Ginzburg fez. O preço, contudo, é o mesmo. Da mesma forma que no nível do paradigma não há maneira de identificar o que não é uma forma válida de adivinhação, assim, no nível da morfologia, não há um ponto no qual a associação deve ser interrompida – falsificações nunca intervêm.

---

16 *Miti emblemi Spie*, p.199; *MEC*, p.205.
17 *Remarks on Frazer's "Golden Bough"*, p.13.

O resultado final também é semelhante. A interpretação freudiana dos lapsos e sonhos insistia – contrariamente à mais óbvia e preponderante evidência – em que o significado de todo tipo de caso de deslocamento, substituição ou condensação reside no desejo sexual reprimido. Lévi-Strauss comparou uma vez a psicanálise ao xamanismo. Mas sua própria interpretação de mitologias reproduz o mesmo esquema. Sob a inesgotável proliferação de mitos através do mundo, com sua riqueza de todo tipo de vocabulário local, repousa um grande tema invariável: a mediação entre natureza e cultura. Propp, que foi pioneiro na análise morfológica do conto maravilhoso, desenvolvendo as 31 funções de suas 177 variantes, encontrou da mesma forma apenas uma única fábula-mestra subjazendo a todas elas. Em seu caso, tratava-se do rito de iniciação como uma viagem à terra dos mortos, transmitida a partir do xamanismo.[18] Ginzburg assumiu a conclusão de Propp e generalizou-a para além do conto maravilhoso até os mais distantes rincões da mitologia eurasiana como um todo. O fascínio dos dados que ele reuniu está fora de questão. Mas mais uma vez, o surpreendente é o contraste entre a riqueza e variedade dos materiais, e a pobreza de significados a que são reduzidos. Vendo a partícula na visão do folclorista, o antropólogo reclamou do procedimento ao mesmo tempo em que o reproduzia em muito maior escala.[19] O historiador, criticando ambos, vai além, misturando fábula e mito numa tirada cósmica, abrangendo todas as narrativas jamais contadas.

Ousando esse passo final, Ginzburg extravasa os limites formais de sua própria pesquisa. O delineamento de um substrato de crenças e rituais eurasiano unitário dissolve-se em categorias universais da mente humana. De fato, a última parte da *Storia notturna* hesita continuamente entre

---

18 *Morphology of the Folktale*, Austin, 1968, p.23; *Theory and History of Folklore*, Manchester, 1984, p.117, 122.

19 "A estrutura e a forma: reflexões sobre uma obra de Vladimir Propp", in: *Antropologia estrutural dois*, Rio de Janeiro: Tempo Brasileiro, 1976, p.121-51.

essas duas coisas. Ginzburg coloca isso como um dilema entre dois tipos de explicação das regularidades por ele descobertas: difusão cultural (alternativamente descendência comum) ou uniformidade psíquica. Abrindo mão de decidir entre uma e outra, ele explora ambas as possibilidades. É sua combinação que garante o "entrelaçamento" da história e da morfologia que ele busca. Mas sua presença simultânea no texto mais parece um resseguro tático do que uma síntese teórica, pois elas não podem ser logicamente conciliadas. Por um lado, há a hipótese de uma mitologia especificamente eurasiana baseada nas práticas do xamanismo. Esta linha de pensamento tem a sua própria história. Na emigração russa entre as guerras, "eurasianismo" era uma versão orientalizante da tradição eslavófila, cujo principal teórico era N. S. Trubetskoy, o fundador da fonologia estruturalista. Os "Pressentimentos e Subversões" do Manifesto Eurasiano, que já estava preocupado com a cultura popular unitária,[20] têm um eco involuntário nas "Conjecturas" da *Storia notturna*. O xamanismo, de sua parte, recebeu uma exploração heroica de Mircea Eliade, num estudo que o rastreia de suas origens na Ásia do Norte e Central até os alemães, gregos, citas e muitos outros povos. Foi Eliade quem enfatizou a diferença entre os estados extáticos do xamanismo e a possessão – o xamã controlando a comunicação com os espíritos dos mortos, o possesso controlado por eles.[21] Ginzburg adota essa oposição, e faz dela uma

---

20 *Utverzhdenie Evrazintsev – Iskhod k Vostoku: Predchuvstviya i Sversheniya*, Sofia, 1921. As contribuições de Trubetskoy, em "Verdadeiro e falso nacionalismo" e "Cumes e profundezas da cultura russa", enfatizavam a importância de temas eurasianos comuns na canção folclórica, na dança, no ornamento e no caráter popular, para a *perestroika* necessária da cultura russa depois do desastre da Revolução Bolchevique.

21 *Shamanism*, New York, 1964, p.6. Para algumas restrições ao contraste, ver a criteriosa discussão em A. Hultkrantz, "Ecological and Phenomenological Aspects of Shamanism", in: V. Diószegi e M. Hoppal (eds.) *Shamanism in Siberia*, Budapeste, 1978, p.41-9.

fronteira cultural. A Eurásia é caracterizada pela ubiquidade do xamanismo, a África sub-saariana, pela possessão. O ciclo de Cinderela e a escapulomancia, do mesmo modo, são comuns à primeira e desconhecidos na segunda.[22] Mas se for assim, recorrer a correspondências entre formas extáticas indo-europeias e ural-altaicas para afirmar categorias universais da mente humana está fora de questão.

Por outro lado, Ginzburg afirma sem ambiguidades: "Há muito tempo procurei demonstrar experimentalmente, a partir da história, que a natureza humana não existe; vinte e cinco anos depois, encontro-me defendendo exatamente o oposto".[23] Embora suas conjecturas eurasianas não lhe deem suporte, a reivindicação em si pode, é claro, ser válida independentemente. Com certeza, não há nada de bizarro quanto a ela. O modo de Guinzburg construir a noção de natureza humana, contudo, é um tanto específica. Fiel à sua inspiração estruturalista, ele a interpreta num sentido estritamente intelectualista. Por natureza humana aqui entende-se os mecanismos da mente humana. Necessidades e emoções que supostamente seriam candidatos preferenciais não constam. Lévi-Strauss declarara: "Não posso dar prioridade a estas forças turbulentas; elas irrompem num cenário já construído e padronizado por restrições mentais".[24] Needham, procurando os fatores primários da experiência humana, esforça-se para negar que os afetos estejam entre eles – nenhuma turbulência interna é universal: "'raiva' em uma outra civilização não é o equivalente de raiva na nossa própria".[25] O que é universal é um repositório comum de "representações coletivas", derivadas das propriedades do córtex cerebral, que podem ser vistas como próximas dos arquétipos junguianos.[26] Ginzburg rejeita

---

22 *SN*, p.231.
23 Ibid., p.xxxvii.
24 *La potière jalouse*, Paris, 1985, p.264.
25 *Circumstantial Deliveries*, p.63: "Mais geralmente, o resultado é que estados internos não são universais e neste sentido não constituem semelhanças naturais entre os homens".
26 *SN*, p.262.

mesmo estes como demasiado concretos, para operações transcendentais da mente cujos símbolos não são tão prontamente inteligíveis. Mas ele também flerta com a ideia de dotar Jung de uma fachada materialista – isto é, dando aos mitos universais um fundamento somático.[27] No fim, o significado fúnebre da deambulação assimétrica é remetido a uma exigência da autorrepresentação do corpo. À primeira vista, a posição de Ginzburg aqui parece plausível. Mas ela se apoia na mais frágil prova documental: uma interpretação possível de um único mito dos Moluccas é a única referência empírica a apoiá-la. O argumento geral depende, ademais, da identificação da humanidade com a capacidade de andar sobre duas pernas – um porte que é compartilhado, contudo, por várias espécies animais (não somente macacos e ursos, mencionados por Ginzburg, mas mais geralmente por pássaros). A espécie humana é mais frequentemente identificada com a linguagem, e basta pensar na facilidade com a qual se poderia assumir a mesma posição para (imaginemos) mitos envolvendo "articulação irregular" – mudez, rouquidão, gagueira, cicio, murmúrio, resmungo e daí por diante – para ver como isto tende a ser inconclusivo. O problema não é a convicção, eminentemente razoável, de que há algo como uma natureza humana: mas onde localizá-la e como defini-la. Representações coletivas, de qualquer maneira que sejam concebidas, são improváveis como via principal para uma resposta. A deambulação assimétrica, com todas as ramificações que adquire, não pode suportar o peso antropológico posto sobre ela.

Qual é então sua relevância histórica mais específica para o tema original do livro, o Sabá das bruxas? Muito pouca, é preciso dizer. Muitos elementos fantásticos entraram nesta mistura cristã-pagã, mas isto é algo que não foi incluído. As únicas conexões que Ginzburg é capaz de oferecer entre o tema ostensivo e o clímax real do livro é um menino manco numa versão (de terceira-mão) das memórias de um lobisomem livoniano e um bicho-papão

---

[27] Ibid., p.262.

egeu.[28] Nem um nem outro têm alguma relação direta com o Sabá. Mesmo pelo método de elos intermediários, este é um liame tênue. A primeira parte do livro deve ser vista como uma investigação de fato independente e ser julgada por seus próprios méritos. Como avaliá-los?

O "deciframento do Sabá" de Ginzburg envolve duas reivindicações principais. A primeira diz respeito à configuração da imagem do Sabá propriamente dito. Onde Trevor-Roper, seguindo uma longa tradição, via isto como essencialmente uma elaboração teológica incorporando fragmentos confusos de credulidade camponesa, Ginzburg efetivamente reverte a ordem de importância no interior da mistura, indicando a crença popular ao invés da fantasia letrada como o cerne do fenômeno. Este julgamento nunca é colocado exatamente como tal. Mas é insistentemente veiculado pelo uso do termo "núcleo" para descrever os elementos folclóricos do Sabá. É improvável que a ambiguidade gramatical de enunciados como "aqui reside o núcleo folclórico do Sabá"[29] seja casual: Ginzburg emprega a noção para sugerir coerência e centralidade. Como ele o justifica? Aqui está de volta o problema da imprecisão metodológica, pois os critérios requeridos para decidir o que é dominante (e o que é subordinado) numa formação composta estão ausentes. O mesmo ocorre, na verdade, com os critérios para definir a composição. Para Ginzburg, há essencialmente duas camadas no Sabá: satanismo por cima – o pacto com o diabo; e xamanismo por baixo – a viagem aos mortos. Esta última é o substrato orgânico do fenômeno, cujo significado originariamente benéfico (o xamã como guerreiro do bem) é convertido numa aterrorizante cerimônia do mal (a bruxa como serva de Satã) pelo artífice da primeira. O que é

---

28 *SN*, p.134, 147, 153-4. Uma gravura em madeira alemã de um demônio estilo Long John Silver é também oferecida: uma ilustração igualmente remota do tema.

29 Ibid., p.78; ou mais categoricamente: "o núcleo primário dos fenômenos aqui considerados é constituído pela viagem do vivo ao mundo dos mortos", p.xxxviii.

omitido por este dualismo, de mito popular otimista deformado na noção viciosa da elite, é o medo popular da própria bruxaria. A crença geral e intensa no *maleficium*, a maldição do feiticeiro, como o agente de todo tipo de injúria material ou desgraça, era uma condição fundamental da noção delirante de feitiçaria. Massivamente documentada por Keith Thomas e outros,[30] é virtualmente ignorada por Ginzburg. Mas ela tem muito mais reivindicações óbvias para ser vista como o solo popular da fobia do que qualquer coisa que tenha a ver com transes extáticos ou monossandalismo. Na Hungria, uma região onde a presença de um elemento xamânico na vida das aldeias era provavelmente mais forte – certamente mais bem documentada – do que em qualquer outra parte da Europa subártica (a conhecida figura do *táltos*), desempenhou um papel discernível em apenas cerca de dois por cento dos julgamentos de bruxaria.[31] O malefício, por outro lado, estava por toda parte; mesmo os Benandanti, como foi ressaltado, estavam envolvidos em transações de maldição.[32] Em outras palavras, a explicação de

---

30 *Religion and the Decline of Magic*, London, 1971, p.436-7, 441ss. *A religião e o declínio da magia*, São Paulo: Companhia das Letras, para o caso da Inglaterra: pesquisa subsequente mostrou o quão disseminada e persistente era a crença no malefício também na Europa continental.

31 Gabor Klaniczay, "Hungary: the Accusations and the Universe of Popular Magic", in: Bengt Ankarloo e Gustav Hennigsen, *Early Modern European Witchcraft*, Oxford, 1990, p.248-9. Klaniczay, uma autoridade em tradições xamânicas magiares, enfatiza a extensão na qual existia na Hungria "um conjunto de crenças populares na bruxaria amplamente independente destes antecedentes arcaicos", capaz de desencadear perseguições mesmo na ausência de intervenções vindas de cima: "O universo popular da magia podia se destruir por si só desta forma, mesmo sem a pressão ativa de uma cultura de elite desejando reformá-la" (p.249, 55).

32 Ver o ensaio fundamental de Robert Rowland, "Fantastical and Devilishe Persons": European Witch-Beliefs in Comparative Perspective, in: Ankarloo e Henningsen (Ed.), p.161-90, a melhor teoria geral da estrutura das confissões, que inclui uma crítica do tratamento de Ginzburg do material friuliano.

Ginzburg do Sabá tende paradoxalmente a esquecer as bruxas – no sentido mais familiar do termo. Sociologicamente, esta é uma lacuna absolutamente central de seu estudo.

Até onde, por outro lado, a narrativa histórica de Ginzburg sustenta esta concepção etnográfica do Sabá? Traçando sua gênese ao *pogrom* francês de 1321, ele enfatiza mais do que historiadores antes dele o papel das maquinações deliberadas pelas autoridades municipais, reais e nobres fomentando uma histeria popular contra leprosos e judeus da qual elas se beneficiaram economicamente.[33] "Conspiração" havia, mas da parte dos magistrados cristãos e não contra eles. Aqui, para começar, a iniciativa é firmemente imputada a eles. Mas na época dos julgamentos alpinos de bruxas no século seguinte, com os quais a narrativa de Guinzburg conclui, ele faz um esforço especial para enfatizar que na imagem emergente do Sabá "estereótipos anti-heréticos" desencadeados a partir de cima eram "apenas um elemento secundário".[34] Norman Cohn é repreendido por ter exagerado sua importância. A afirmação não convence. A demonstração de Cohn da constância do estereótipo da seita secreta – praticando promiscuidade, blasfêmia, antropofagia –, desde as acusações pagãs contra os cristãos primitivos, não perde relevância com a chegada do Sabá, pois essas sempre foram as iniquidades capitais a ele atribuídas. Os temas folclóricos do voo noturno e da metamorfose animal eram ornamento pitoresco sobre este pano de fundo – em si mesmos, coisa de pouca monta, descartados como nada mais do que fantasias fúteis pelo *Canon episcopi* na Idade das Trevas. Se havia elementos secundários no Sabá, lógica e funcionalmente seriam estes. Ocorre que é Cohn quem fornece a melhor explicação para uma fusão dos temas: a

---

33 Ginzburg critica a explicação de Malcolm Barber, de onde ele tira o título de seu capítulo (há uma omissão em sua referência), "Lepers, Jews and Moslems: the Plot to Overthrow Christendom in 1321", *History*, v.66, n.216, p.1-17, fevereiro 1981; ver *SN*, p.23-4, 28.

34 *SN*, p.49.

inclusão do voo noturno no estereótipo anti-herético possibilitado pela multiplicação de suspeitos, pela reunião mágica de uma legião de malfeitores malignos.[35]

Além destas considerações estruturais, há também dificuldades cronológicas na reconstrução de Ginzburg. Seu relato de abertura do *pogrom* de 1321 é uma obra-prima de narrativa lacônica, exibindo todo seu talento excepcional de escritor. Muito da força de sua narrativa, aqui como em *O queijo e os vermes*, está nos subentendidos de sua prosa econômica, concisa. Mas esta mesma arte conscienciosa é também, de uma outra e menos óbvia maneira, altamente teatral. A narrativa de Ginzburg se estende por parágrafos curtos, enumerados, com um mínimo de conectivos entre eles. O recurso da enumeração, tipicamente usado desde Espinosa para sugerir rigorosa dedução lógica, evoca aqui mais sequência dramática: cenas ou tomadas para o palco ou a tela. Esta é uma maneira bastante eficaz de desenvolver uma história. Mas tem uma desvantagem específica como método de escrever história: ela depende com muita frequência de seus efeitos para *reter* informação. A maneira como Ginzburg narra os eventos contradiz o citado em seu contexto, o que poderia reduzir a velocidade e diminuir a surpresa do conto. Ficamos sabendo muito pouco, no fim, sobre os Benandanti além de suas fabulosas aventuras, ou sobre a sociedade friuliana que os abrangia, sobre a vida da aldeia que abrigava Menocchio ou os inquisidores que o interrogaram. Do mesmo modo, a França em 1321 é apresentada *ex abrupto*, desprovida de qualquer perspectiva sociopolítica. A ausência de um quadro informativo – características gerais da França no início do século XIV, a situação nas adjacências do reino, política e personalidade de Felipe V, posição dos leprosos e judeus – acelera o drama sinistro, mas também o priva de profundidade. Um efeito disto é especialmente relevante e questionável. Ao representar o massacre francês daquele ano como o ponto de partida do

---

35 Norman Cohn, *Europe's Inner Demons*, London, 1975, p.205.

estopim que detonou a noção europeia delirante de feitiçaria, Ginzburg negligencia a *cause célèbre* que o precedeu – o extermínio dos templários desencadeado por Felipe IV em 1307. As acusações lançadas, as confissões extraídas nesta repressão política foram em certos aspectos mais próximas à fantasmagoria do Sabá do que as acusações contra leprosos e judeus. Estando mais conforme ao núcleo "anti-herético" do que ao "folclórico", contudo, elas não têm lugar no relato de Ginzburg – a despeito do fato, crítico para uma etiologia local, de que a principal confissão leprosa de 1321 foi copiada do julgamento-espetáculo dos templários 13 anos antes.[36]

O problema mais geral colocado pela oportunidade e trajetória da noção delirante de feitiçaria, porém, permanece. O que gerou a nova histeria persecutória que veio a ser estimulada pela imagem do Sabá das bruxas? Ginzburg critica Cohn por enfocar uma única longa tradição de fobia herética do tempo dos imperadores romanos ao dos papas renascentistas, à custa da "evidente descontinuidade cultural" introduzida pela ideia de uma seita de bruxas.[37] Mas sua própria concentração sobre um substrato de crenças--transes xamânicos com muito maior duração, ao longo de muitos milhares de anos, desperta ainda mais agudamente a questão do quê subitamente precipitou o Sabá a partir dele. A explicação que ele oferece é convencional e descuidada – pouco mais do que referências genéricas à crise socioeconômica do século XIV.[38] Mas a prova confiável da cristalização do Sabá começa cerca de cem anos mais tarde; a noção delirante de feitiçaria alcançou pela primeira vez seu ápice na relativa prosperidade do fim do século XVI; persistindo ao longo da depressão do início do século XVII, ela então finalmente acalmou-se nas principais regiões atingidas antes que a recuperação econômica estivesse à vista.

---

36 Ver Barber, "Lepers, Jews and Moslems", p.16-7.
37 *SN*, p.50.
38 *SN*, p.54-5.

Ademais, sua incidência geográfica foi muito desigual. Na Europa ocidental, a Inglaterra – carecendo de procedimentos inquisitoriais e insistência na tortura – permaneceu amplamente isenta da obsessão com o Sabá; as Províncias Unidas também foram muito pouco afetadas. Na Europa oriental (de onde Ginzburg tira tantos exemplos de xamanismo sombrio), a Igreja Ortodoxa prestou pouca atenção a ela, ficando as principais perseguições restritas às regiões católicas, particularmente à Polônia. Entre estas zonas, o verdadeiro epicentro da caça às bruxas era a Alemanha, Suíça e França, onde Brian Levack calculou que talvez tenha ocorrido cerca de 75% de todas as perseguições.[39] O enigma fundamental da noção europeia delirante de feitiçaria é o padrão de seu desenvolvimento no tempo e no espaço – por que irrompeu; quando o fez; a quem atacou; por que e como afetou certas zonas e passou ao largo de outras; por que e quando sumiu aos poucos. Na resposta a estas questões históricas deve residir a chave para o deciframento do Sabá. Apesar de todo o avanço da pesquisa mais recente, a firmeza e nitidez intelectual com a qual elas são colocadas no grande ensaio de Trevor-Roper estão ainda para ser igualadas.

Se a abordagem de Ginzburg é tão diferente e tão acentuada sua aversão a este precedente, a razão está na mais constante convicção de sua obra. *Tout ce qui est intéressant se passe dans l'ombre*, diz a epígrafe de Céline a *O queijo e os vermes*. O lado oculto da história é onde reside a verdade. Em um de seus ensaios em *Mitos emblemas sinais*, Ginzburg alega que nenhuma oposição cultural é tão universal quanto os valores atribuídos às posições de Alto e Baixo – o primeiro sempre equacionado com o que é melhor, o segundo, com o que é pior.[40] Ele passa por cima de outra oposição disseminada em nossa cultura, que a reverte: o Superficial e o Profundo.

---

39 *The Witch-Hunt in Early Modern Europe*, New York, 1987, p.176-82. A obra de Levack, a maior síntese comparativa surgida da nova geração de pesquisadores, não é mencionada, aliás, na copiosa bibliografia de Ginzburg.

40 *Miti emblemi spie*, p.109-10; *MEC*, p.62-3.

Aqui, o que está abaixo supera intrinsecamente o que está acima. Mas a superfície cobre as profundidades e deve ser rompida para que se chegue ao fundo das coisas. Se há uma suposição que unifica toda a obra versátil de Ginzburg é esta: que quanto mais profundo algo estiver, mais significativo deve ser. Em nenhum outro lugar esta crença adquiriu maior valor escritural do que na *Storia notturna*. O significado do Sabá que importa deve ser encontrado num nível subterrâneo da imaginação humana remontando aos cultos de fertilidade ou funerários europeus por meio dos mitos gregos e ornamentos citas até os xamãs siberianos ou mongóis, talvez aos bandos paleolíticos antes deles – cuja prova consiste em toda parte dos traços simbólicos da viagem aos mortos. Por mais arriscadas que certas conexões interpretativas de Ginzburg possam ser, seu argumento geral para a persistência de temas de origem xamânica por um longo espaço de tempo pode ser facilmente aceito. Mas persistência não é em si garantia de importância. O que está ausente da explicação de Ginzburg é aquela erosão de significado que constitui uma boa parte de qualquer história cultural – o processo familiar pelo qual costumes ou crenças que num momento são centralmente ativos, alteradas as condições, tornam-se esporádicos ou marginais perdendo então completamente seu sentido ao serem sobrecarregados com desenvolvimentos ulteriores que os incorporam ou apagam, deixando totalmente de ser compreendidos por qualquer agente atual.

O próprio Ginzburg nota com bastante frequência que os autores clássicos não conseguiram ver o significado da deambulação assimétrica em seus mitos; de fato, ele reclama de suas reconstruções "racionalistas" dos mistérios que o interessam.[41] Mas ele não chega à conclusão óbvia de um simbolismo que morreu. Como fatos da história cultural, as explicações realistas da sandália única esboçadas por Tucídides ou Sérvio são de muitas maneiras mais interessantes

---

41 *SN*, p.207.

que seu sentido aborígene – pois elas obviamente nos dizem mais sobre as sociedades grega e romana. O xamanismo em sua pátria siberiana ou lapã era uma instituição central de tribos rudimentares coletoras ou pastorais; o que quer que fosse que pudesse ter passado de remotos *backgrounds* sociais, possivelmente semelhantes a estes, para as cidades-estados mediterrâneas, necessariamente teria assumido um peso e um significado diversos para estas – e mais ainda, se houve esta continuidade para as sociedades da Europa do fim da Idade Média e início da Era Moderna. Ginzburg insiste nos paralelos entre xamanismo e transes extáticos do tipo que encontrou entre os Benandanti. Estes, porém, eram clandestinos, enquanto – nas palavras de Eliade – "toda sessão genuinamente xamânica termina como um *espetáculo* sem igual no mundo da experiência cotidiana":[42] uma diferença fundamental. Ginzburg refina-os com um floreio estruturalista – uma homologia não obstante mantida por inversão: se os xamãs eram públicos, seus sonhos eram batalhas individuais pelo bem, enquanto o combate onírico dos Benandanti era coletivo, mesmo se seu desempenho fosse privado.[43]

Quaisquer que sejam os méritos deste argumento, o aspecto saliente que ele evita é o de que a função histórica da experiência extática mudou completamente neste ínterim – do drama encenado socialmente para o devaneio furtivo e secreto; o mesmo teria se dado com seu significado subjetivo. Da mesma forma, a parafernália de vassouras e sapos mais se assemelha a vestígios obscuros de um passado parcial ou inteiramente deslocado do que a emblemas vivos do "núcleo primário" do Sabá. Na vida social, o que é mais antigo e, neste sentido, mais profundo é frequentemente mais trivial – tendo sobrevivido justamente porque foi reduzido à insignificância. Numa famosa réplica a Lévi--Strauss, Jack Goody observou certa vez que a persistência

---

42 *Shamanism*, p.54.
43 *SN*, p.150.

de certos pratos poderia ser explicada não por seu significado simbólico, mas por sua indiferença a ele, como simples marcos de continuidade existencial.[44] O mesmo, é claro, poder-se-ia dizer de muitas características das roupas. Este é o fenômeno geral dos botões nos punhos. Palavras e mitos, ao contrário de objetos de uso material, são significantes inescapáveis. Mas eles também são sempre sujeitos à *de-significação*, o processo que a morfologia de Ginzburg consistentemente esquece. A única diferença é que, no seu caso, ela inclui tipicamente o cancelamento de um significado pela superposição de outro, que pode facilmente contradizer o primeiro. Procurar determinar o significado essencial de uma lenda clássica ou de uma fobia medieval recorrendo a uma origem xamânica não é diferente de tentar demonstrar o significado contemporâneo de um conceito filosófico pelo recurso à etimologia de suas raízes pré-socráticas, um procedimento favorecido por Heidegger. Mas, do mesmo modo que as palavras de uma linguagem podem sobreviver e evoluir pela obliteração ou reversão de seus significados primitivos, o mesmo pode se dar com os elementos do mito: em nenhum dos casos o que vem antes tem algum privilégio semântico. A tentação, porém, de igualar persistência a significado tem suas próprias inspirações. Apropriadamente, o comentário de Wittgenstein sobre Frazer exprime de forma reveladora uma delas. Lamentando a "estreiteza da vida espiritual que encontramos em Frazer", Wittgenstein deplorou sua análise racionalista do culto ou ritual mágico, cujo mistério seria melhor deixar à contemplação reverente: "mesmo a ideia de tentar explicar a prática me parece equivocada" – "podemos apenas *descrever* e dizer, a vida humana é assim".[45] Ele rejeitava acima de tudo a ideia de que teria havido alguma mudança básica, ainda mais para melhor, na sensibilidade humana com o desenvolvimento da mágica por meio da religião para a ciência, como supunha

---

44 *Cooking, Cuisine and Class*, Cambridge, 1982, p.152.
45 *Remarks on the "Golden Bough"*, p.5,1, 3.

Frazer. A simplicidade do argumento de Wittgenstein é inigualável: "Eu gostaria de dizer: nada mostra melhor nossa afinidade com aqueles selvagens do que o fato de Frazer ter à mão uma palavra tão familiar a nós como 'fantasma' ou 'sombra' para descrever suas concepções" – "há toda uma mitologia depositada em nossa linguagem".[46] Aqui a tendência ideológica da falácia da continuidade está engenhosamente clara.

Ginzburg nos conta que sua primeira e mais durável ambição fora a de superar as alternativas de racionalismo e irracionalismo.[47] Esperanças semelhantes são com frequência expressas quanto à oposição entre materialismo e idealismo, ou esquerda e direita. Raramente é difícil ver qual dos dois termos paga os custos da operação. Ginzburg termina sua introdução à *Storia notturna* afirmando que : "os mitos imensamente antigos que fluíram durante o que foi afinal um curto período (três séculos) no estereótipo composto do Sabá, sobreviveram à sua desaparição. Eles estão ainda ativos. A experiência inacessível que a humanidade vem expressando simbolicamente há milênios através de mitos, fábulas, ritos e êxtases permanece um dos centros ocultos de nossa cultura, de nosso modo de ser no mundo. A tentativa de conhecer o passado é também uma viagem ao mundo dos mortos".[48] Esta declaração de fé na perenidade das regiões noturnas do andar torto e do transe oscilante é, por natureza, desprovida de provas. É duvidoso se Ginzburg aceitaria revistas ocultistas e lojas de quiromancia como testemunhos. Ele prefere, ao invés disto, o gesto autoenclausurador com o qual Lévi-Strauss designa sua própria análise do mito como ela mesma outro mito, pensado pela substância comum da mente humana.[49] Assim, assinalar o centro oculto torna-se o empreendimento do próprio histo-

---

46 Ibid., p.10.
47 *Miti emblemi spie*, p.ix,158; *MEC*, p.vii, 96.
48 *SN*, p.xxxviii.
49 "Assim este livro sobre mitos é ele mesmo, à sua maneira, um mito", *O cru e o cozido,* São Paulo: Brasiliense, 1984, p.14.

riador – neste local de ocultação, o mago e o *scholar* são um só. Não há necessidade de estender-se sobre a fragilidade do conceito num caso ou no outro. Ele funciona menos como argumento do que como índice de uma perspectiva. No caso de Ginzburg, como vimos, o que define esta perspectiva é o chamado da profundeza.

Paradoxalmente, contudo, a própria consistência com a qual ele persegue continuidades culturais subterrâneas fornece seu próprio antídoto a elas. Os Benandanti, camponeses praticando mágica sonambúlica para melhorar a colheita ou acalmar os mortos, eram detentores de uma "camada de crenças autenticamente popular", "com raízes estendendo-se bem para trás no tempo", "para uma antiguidade quando estas crenças deviam cobrir a maior parte da Europa central".[50] Os Nicodemitti, intelectuais que justificavam a dissimulação religiosa em nome do distanciamento cristão em relação aos ritos externos, numa época de guerras confessionais, sugeriam uma "camada mais profunda e mais homogênea" de fé, sob "os conflitos que agitavam a superfície da vida religiosa europeia no século XVI".[51] O moleiro Menocchio, filósofo da aldeia, ao expor uma cosmogonia materialista sem magia ou cristianismo, expressava concepções e aspirações cujas "raízes estavam imersas numa obscura e inescrutável camada de remotas tradições camponesas".[52] Diana, Cinderela, Cordélia, heroínas do mito, da fábula e do drama, originam-se de uma "camada subterrânea da mitologia eurasiana unitária", uma "impressionante disseminação de traços xamânicos", na qual está depositada "uma história de milhares de anos".[53] Por trás de Freud diagnosticando uma desordem, ou Berenson sugerindo um atributo, é possível vislumbrar "talvez o gesto mais antigo da história intelectual da humanidade: o caçador enfiado na

---

50 *I Benandanti*, p.xii, xv, 47; *NW*, p.xvii, xx, 39.
51 *Il Nicodemismo*, p.xv.
52 *Il formaggio e i vermi*, p.xxii; *CW*, p.xxiii.
53 *SN*, p.240-1.

lama rastreando as pegadas de sua presa".[54] O vocabulário da profundeza e da diuturnidade é invariável: mas seus objetos são tão variados que cancelam-se mutuamente. O quão provável é que *tanto* viagens extáticas ao além *como também* robustas negações materialistas do divino fossem antigas tradições camponesas nas mesmas colinas friulianas – existindo sob a superfície de um cristianismo europeu, cujas próprias divisões eram *também* perpassadas por um movimento clandestino mais profundo que os credos católico e calvinista? Cada um destes programas de pesquisa rendeu fascinantes frutos empíricos. Mas é uma predisposição metafísica que projeta seus resultados repetidamente para baixo ou para trás. O deciframento do Sabá sofre disto. Ironicamente, talvez a mais irrespondível das objeções à tese de que seu "núcleo primário" derivou de mitos extáticos populares é fornecida pela própria obra de Ginzburg, pois o único caso investigado de tais transes de culto, o dos Benandanti, foi realmente tratado com descuidada indiferença pela Inquisição. Tão pouco alarmados ficaram os investigadores de feitiçarias com as singulares crenças dos caminhantes noturnos que nem um simples processo chegou a ser concluído contra eles. É difícil evitar a conclusão de que o ponto essencial do espectro está em outro lugar.

Ginzburg certa vez observou sabiamente que uma opção ideológica pode ao mesmo tempo viciar as descobertas documentais de um autor e ser, no entanto, a condição delas. Ele falava de Georges Dumézil, um dos grandes pioneiros da mitologia comparada, em quem ele detectou possíveis simpatias de pré-guerra pelo nazismo.[55] *O mito do eterno retorno*, de Mircea Eliade, outro marco neste campo, nasceu da derrota da Guarda de Ferro na Romênia, ele observa em outro lugar.[56] E o que dizer das próprias opções de Ginz-

---

54 *Miti emblemi spie*, p.169; *MEC*, p.105.
55 *Miti emblemi spie*, p.233; *MEC*, p.145.
56 "O *pathos* da derrota inspirou Eliade, que tinha um passado fascista e anti-semita atrás de si, à sua teorização da fuga da história": *SN*, p.183.

burg? Refletindo sobre seu *pathos* da natureza humana, o destacado crítico italiano Franco Fortini chamou a *Storia notturna* a obra de um conservador liberal.[57] Isto é certamente injusto. A inspiração original de Ginzburg, da qual ele nunca se afastou, reside mais num tipo de populismo, como ele mesmo notou.[58] Mas é verdade que o populismo tem uma série de registros, de acordo com sua percepção do povo. A obra inicial de Ginzburg refletia a insurgência do fim dos anos 70, cujo caráter de massa foi mais pronunciado na Itália do que em qualquer outra sociedade europeia. Ela falava de cultura de classe e tolerância repressiva, guerra camponesa e utopia social. Com a aquietação dos anos 80, o tom mudou. Ginzburg atualmente diz: "Dúvidas crescentes sobre a eficácia e consequências dos projetos revolucionários e tecnocráticos nos obrigam a repensar o modo pelo qual a ação política é inserida nas estruturas sociais profundas e sua capacidade real de alterá-las".[59] *Storia notturna* é ainda dedicada, no espírito de Walter Benjamin, à história dos vencidos. Mas agora a ênfase está na simples permanência das crenças populares, através de certo número de estruturas sociais e de todo tipo de mudança histórica e de civilização, graças à sua ancoragem nas operações da mente humana. No processo, uma imensa auréola cultural está suspensa sobre os movimentos giratórios do xamã, na qual lemos impressas como numa imagem do *Trecento* as letras cintilantes da Lenda Grega e da Ficção Universal. Desta forma, são resgatados os cacos populares da hora das bruxas e do familiar animal – "o lixo mental da credulidade camponesa" de Trevor-Roper[60] – conforme entram no Sabá e ainda passam além dele.

---

57 "Il corpo e la storia", *L'Indice*, n.10, p.10, dezembro 1989.
58 *Miti emblemi spie*, p.x; *MEC*, p.vii-viii.
59 *SN*, p.xxvi.
60 "The European Witchcraze of the Sixteenth and Seventeenth Centuries", *Religion, the Reformation and Social Change*, London, 1972, p.116. É peculiar que Trevor-Roper tivesse usado uma imagética memoravelmente diferente da profundidade em suas linhas conclu-

O primeiro Ginzburg alertava contra tal idealização. Comentando sobre um culto contemporâneo perto de Salerno, no qual uma mulher local periodicamente assumia a personalidade de um sobrinho morto, ele não evocou a grande continuidade das tradições extáticas eurasianas, mas escreveu: "Em condições degradadas e desintegradas, a religião ajuda os homens e mulheres a suportar um pouco melhor uma vida em si intolerável. Pode não ser muito, mas não temos o direito de desprezá-lo. Mas, precisamente porque eles protegem os crentes da realidade em vez de estimulá-los ou ajudá-los a tornarem-se conscientes dela e a transformá-la, esses cultos populares são enfim uma mistificação: supervalorizá-los de uma maneira populista é absurdo e perigoso".[61] Seria bom ouvir de novo esta voz. Pois uma palavra necessária desapareceu do vocabulário de *Storia notturna*: superstição. É saudável lembrar que um estudioso húngaro, descrevendo as sociedades pobres e carentes onde ela outrora dominara, pôde falar da "miséria do xamanismo".[62] Este julgamento é muito forte para o que já foi um conjunto coerente de crenças, dando forma moral a um mundo. Mas superstições são a mixórdia das relíquias de crenças que não são mais compreendidas: seu papel na história do Sabá certamente o merece. A perspectiva do – será que deveríamos, afinados com os tempos, dar-lhe este nome? – pós-racionalismo proíbe o pensamento. Entretanto, o que é verdade sobre Dumézil e Eliade cabe também aqui. A opção ideológica pode afetar os materiais empíricos,

---

sivas sobre o mito do Sabá: "Ele permaneceu no fundo da sociedade, como uma poça d'água estagnada, facilmente transbordável, facilmente agitável... Para destruir o mito, drenar a poça d'água... toda a estrutura intelectual e social que o continha e se solidificara em torno dele teve que ser quebrada. E teve que ser quebrada não no fundo, no leito sujo onde se acumulavam as crenças na feitiçaria, mas em seu centro, onde elas eram renovadas" (p.192).

61 "Folklore, Magia, Religione", *Storia d'Italia*, Torino, 1972, v.I, p.675.
62 A. Voigt, "Shamanism in North Asia as a Scope of Ethnology", in: *Shamanism in Siberia*, p.65-6.

mas, sem ela, eles com toda a possibilidade não teriam vindo à luz. *Storia notturna* pode exceder seus recursos. Mas estes são mais do que suficientemente ricos para justificar o empreendimento. Leitores de virtualmente todos os credos acharão a mais recente história de Ginzburg um jogo para admirar, um prazer para ler, uma provocação para pensar.

3

MAX WEBER E ERNEST GELLNER:
CIÊNCIA, POLÍTICA, ENCANTAMENTO

As duas conferências dadas por Max Weber sobre "Ciência como uma vocação" e "Política como uma vocação" ocupam uma posição especial no interior de sua obra. Num *corpus* de escritos frequentemente difuso e refratário, elas se destacam como obras primas de economia e paixão literárias, destilações súbitas numas poucas páginas brilhantes da massa esparramada de pensamento acadêmico de Weber. Aqui os temas racionalização, religião, liberdade de valores, poder, burocracia, carisma, responsabilidade ética estão todos presentes com uma intensidade retórica que fez destes textos duas das mais influentes afirmações intelectuais deste século. Entretanto, é como se seu *status* clássico tendesse a protegê-los de uma inspeção mais detida, pois, sob a clareza de sua superfície, cada um deles revela sinais de uma turbulência que escapa ao controle lógico, gerando uma série de aporias que formam um padrão significativo.

Weber deu sua conferência sobre "Ciência como uma vocação" em 7 de novembro de 1917, o dia em que os bolcheviques tomaram o poder na Rússia. Para sua audiência de estudantes em Munique durante a guerra, Weber explicou o rigor e a estranheza do empreendimento científico. Além de seus inconvenientes externos, na loteria da vida acadêmica, este empreendimento também não oferecia satisfações internas de um tipo tradicional. Irremediavelmente especializado, ele excluía qualquer possibilidade de realização cognitiva geral; inerentemente impessoal, ele excluía autoexpressão temperamental do tipo que é normal na arte; perpetuamente em desenvolvimento, seu progresso descartava qualquer realização duradoura. Também não podia ele adquirir significado de alguma outra esfera da vida, porque a ciência moderna despojou o mundo daquelas harmonias fictícias nas quais acreditava-se outrora estar unida à verdade universal, ou à natureza, à divindade ou à felicidade. Estruturalmente desapontador para o cientista e desencantador para a sociedade, que valor atribuir a ele? Ao menos, argumentou Weber, ele era o meio indispensável da eficácia técnica e da clareza conceitual – do controle prático ou pensamento claro, para qualquer propósito. A vocação da ciência, assim compreendida, nada tinha a ver com política – os princípios de ambos eram absolutamente separados, impedindo qualquer mistura.

Pronunciada para a mesma audiência pouco mais de um ano depois, em 28 de janeiro de 1919, em meio à Revolução Bávara, "Política como uma vocação" explicava detalhadamente as diferenças. O papel do político era exercer liderança independente na conquista do poder do Estado, definido pelo seu monopólio da violência legítima. Tal legitimidade, assegurando a obediência daqueles a ele submetidos, podia ser de caráter tradicional, carismático ou legal. Sua execução requeria uma equipe administrativa permanente, em cujo desenvolvimento histórico residem as origens do moderno político profissional. À diferença do funcionário, contudo, o político assume responsabilidade pessoal por sua ação política, inicialmente como líder entre notáveis, posteriormente como comandante plebiscitário de uma comitiva popular organizada em partido de massa. Onde não emergiam estas figuras, máquinas eleitorais operadas por meros funcionários por cima de eleitorados passivos eram a única alternativa – democracia sem líderes. O verdadeiro político, em contraste, não só aprecia o exercício do poder por si mesmo, mas se distingue por uma combinação de paixão, critério e senso de responsabilidade. Esta paixão pode ser por qualquer causa – a escolha de um credo não é passível de discussão mas, uma vez feita, a vocação do político impõe suas próprias regras. Desde que o meio decisivo da política é a violência, com suas consequências peculiarmente imprevisíveis – força criando força – o único código apropriado para orientação é uma ética secular de responsabilidade, julgando as ações pelas suas consequências e não pelas suas intenções.

Em linhas gerais, esta é a substância das duas conferências. A conexão entre elas é a princípio paradoxal, pois o tema que elas mais conspicuamente compartilham é também aquele com o qual Weber pretendia separá-las – a ideia da vocação como tal. Na organização formal do discurso de Weber, qualquer que seja outro significado que o termo possa vir a ter, ele sempre denota a perseguição exclusiva de *uma* meta – seja ciência, arte, negócios, política – a expensas de todas as outras. O que o torna sério é a *especialização*. A mensagem central das duas conferências parece ser a de que política e ciência obedecem a leis distintas, que não devem de forma alguma ser misturadas ou confundidas. O termo *Beruf* é, obviamente, conhecido na sociologia de Weber. Mas o que tem sido insuficientemente notado é sua extrema instabilidade semântica – os drásticos deslocamentos em seu significado de um contexto para outro. Seu sentido original era, é claro, um chamamento religioso; como o próprio Weber notou, ele foi primeiramente introduzido na Alemanha por Lutero, em sua tradução da Bíblia.[1] *A ética protestante e o espírito do capitalismo* se serve livremente deste uso, na explicação do propósito altamente espiritual e na rígida disciplina moral do antigo mercador calvinista. É este registro, agora isolado de seu fundo religioso, que domina as conferências de Munique – ciência e política concebidas

---

1 *Wirtschaft und Gesellschaft*, Tübingen, 1972, p.344; *Economy and Society*, Berkeley, Los Angeles, 1978, p.569. Doravante *WG* e *ES*.

como árduos chamamentos existenciais. Mas na época de Weber, o significado normal alemão do termo era completamente diferente: *Beruf* era simplesmente uma profissão. Este sentido também recorre nas conferências e Weber ocasionalmente percebe a diferença, mas sem fixá-la teoricamente em nenhum momento ou dar-se conta de suas consequências para sua construção como um todo. Assim, numa famosa passagem, ele falava de "dois tipos" de *Berufspolitiker* – aqueles que viviam para a política e aqueles que viviam dela. Os primeiros podiam dedicar-se à vida pública em independência econômica dela, tipicamente como investidores ou proprietários; os últimos, sem propriedades substanciais próprias, derivavam seus ganhos essencialmente das funções no partido ou no Estado. Isto pareceria ser um contraste suficientemente nítido. Mal é estabelecido, contudo, ele é desfeito, quando Weber prossegue assinalando que os estratos politicamente dominantes invariavelmente exploram seu poder para fins econômicos privados, enquanto o idealismo político mais incondicional é normalmente exibido pelos não proprietários.[2] A antítese entre "viver para" e "viver de" é incoerente aqui em parte porque não coincide com uma oposição que é mais importante para o argumento, pois Weber começa por definir a vocação do político "em sua expressão mais elevada" como pura liderança carismática – *hier wurzelt der Gedanke des Berufs in seiner höchsten Ausprägung*.[3] Depois de traçar a ascensão dos vários tipos de equipe administrativa, ele procede então à catalogação dos papéis políticos nos quais a ideia de *Beruf* encontra, por assim dizer, sua expressão mais baixa. Estes incluem o funcionário do partido e o chefe da máquina, os rebanhos parlamentares (*Stimmvieh*) ou igrejinhas municipais: em suma, políticos "profissionais" no sentido pejorativo do

---

2 "Politik als Beruf", *Gesammelte Politische Schriften*, Tübingen, 1971, p.513-5; H. H. Gerth, C. Wright Mills (Ed.) *From Max Weber*, New York, 1958, p.84-6. Doravante *GPS* e *FMW*.
3 *GPS*, p.508; *FMW*, p.79.

termo. A estes, Weber finalmente aplica o termo desonroso *Berufspolitiker ohne Beruf* – na verdade um *reductio ad absurdum* das contradições no conceito.[4] Pois o que Weber reunia sob a rubrica única de seu título eram três significados completamente opostos: liderança carismática na busca de altos ideais; serviço burocrático sob ordens no estado; e competição mercenária pelos despojos da função.

Em *Wissenschaft als Beruf* a oscilação de significado é quase não menos aguda. Por um lado, a vocação da ciência é servir ao propósito moral da "autorreflexão" – *Selbstbesinnung* – instilando "um senso de dever, clareza e responsabilidade" no indivíduo que corresponde a seus padrões intelectuais. Por outro, ela simplesmente fornece as técnicas para "o controle calculável de objetos externos e comportamento humano", mais ou menos como a esposa de um quitandeiro do Meio-Oeste fornece repolho através do balcão.[5] A segunda função é de fato apresentada mais plausivelmente por Weber do que a primeira, que não pareceria requerer absolutamente qualquer conhecimento científico especializado. Também aqui a noção de *Beruf* dilata e fissura no curso do argumento. Este processo não está confinado à exposição formal das conferências. O mesmo padrão pode ser observado nos relatos informais que Weber faz de si mesmo. Explicando na idade madura sua recusa dos compromissos exigidos de um político, ele pôde declarar orgulhosamente: *Ich bin von Beruf: Gelehrter*. Mas ele pôde igualmente expressar completo desprezo pela noção como um todo como demasiado estreita para si: *irgendeinem Respekt vor dem Begriff des "Berufs" habe ich nie gehabt*, ele escreveu quando jovem sobre sua atitude em relação às suas expectativas.[6]

---

4 *GPS*, p.544; *FMW*, p.113, que traduz isto como "políticos profissionais sem um chamamento".

5 "Wissenschaft als Beruf", *Gesammelte Aufsätze zur Wissenschaftslehre*, Tübingen, 1922, p.550, 49 – doravante *GAW*; *FMW*, p.152, 150.

6 Carta ao presidente do Partido Democrata Alemão, explicando sua saída do partido, de abril de 1920: Wolfgang Mommsen, *Max Weber und die deutsche Politik*, Tübingen, 1974, p.334 – Tradução inglesa

Ironicamente, a grande peroração de "Política como uma vocação", conjurando num clímax mais uma vez a missão do "líder e do herói", também deixa escapar involuntariamente o mesmo lado inferior sombrio do conceito. O que será de vocês? indagava ele aos estudantes diante de si, enumerando seus possíveis fracassos na vida: *Verbitterung oder Banausentum, einfaches stumpfes Hinnehmen der Welt und des Berufes?*[7] Aqui, com a conotação ulterior de rotina filisteia, a queda – por meio do mesmo termo – de "chamamento" em "carreira" é completa.

Existem diversas maneiras de ver essa tendência específica na estrutura das duas conferências. Ela pode ser relacionada à dificuldade mais geral de Weber em acertar o relacionamento entre os elementos "ideais" e "materiais" de sua teoria social, em que o equilíbrio ou conexão real entre ambos é raramente, se tanto, enfrentado. Ao contrário disto, tipicamente, o primeiro adquire uma predominância tácita pelo volume formal de sua elaboração, subitamente interrompida por lembretes descompromissados do peso do segundo – com frequência o mais brutal, como se à guisa de compensação pelo tratamento mais constante. Algo deste tipo ocorre com a noção de vocação. Há outros exemplos notáveis também na teoria política weberiana. Neles *Herrschaft* passa por uma duplicação comparável à de *Beruf*. Depois de perguntar como a dominação política é assegurada – por que os homens obedecem a um dado Estado? – Weber passa diretamente à discussão dos tipos ideais de legitimação, como as formas de sua "justificação interna";

Max Weber and German Politics, Chicago, 1984, p.310, traduzido como: "Sou um acadêmico por profissão" – doravante *MWDP* e *MWGP*; carta a Marianne Schnitzger de 1893: Marianne Weber, *Max Weber – ein Lebensbild*, Tübingen, 1926, p.197 – Tradução inglesa *Max Weber – A Biography*, New York, 1975, p.185, traduzido como: "Nunca tive o menor respeito pelo conceito de uma 'vocação'" – doravante *MWL* e *MWB*.

7 GPS, p.560; *FMW*, p.128 – que traduz: "Vocês serão amargos ou banais? Vocês aceitarão embotadamente o mundo e a ocupação?".

então lembra brevemente que, "na realidade", a obediência é condicionada por "motivos muito sólidos de medo e esperança" e "interesses materiais dos tipos mais variados", revertendo depois mais uma vez aos poderes eminentes do carisma. De maneira semelhante, ele explica que a obediência conseguida por legitimação pode ser então usada para se obter os meios de administração – equipe e material – necessários para impor um monopólio de coerção: e então ele solapa esta sequência causal, assinalando que "a base definitiva e decisiva" para a lealdade dos administradores aos detentores do poder é o "medo de perder seus salários",[8] tornando assim o argumento circular. Os meios materiais de governo tornam-se, ao mesmo tempo, produto e pré-condição das operações ideais de legitimidade.

Mas havia uma outra, e mais específica, razão para as anomalias no tratamento de Weber do conceito de vocação. O termo tinha uma força inequívoca, comum tanto ao seu registro ideal como ao material. Ele conjurava especialização – seja como chamamento mais elevado ou profissão mais baixa. Era isto que fazia da noção um compartimento de segurança entre ciência e política. Qual era então seu antônimo no vocabulário de Weber? A resposta está prontamente ao alcance. Espalhado pelos seus escritos políticos, há um conjunto de referências obsessivas a *literati* e *dilettantes*. Estes termos funcionam como imprecações quase intercambiáveis. Embora indiscriminados em sua aplicação polêmica, eles sempre contêm ao menos uma carga fixa: a nódoa do amadorismo. Em contraste ao homem de vocação ou profissão, havia o amador e o diletante, os *Literaten*, contra quem Weber tão incansavelmente esbravejava de tempos em tempos. Eles incluíam os sicofantas que se entusiasmavam com a mera violência e astúcia de Bismark, bem como os críticos que impotentemente ressentiam-se com isto; os parasitas que defendiam um relaxamento da diligência alemã após a guerra, e os demagogos que exigiam demasiadas anexações

---

8 *GPS*, p.507-9; *FMW*, p.78-80.

territoriais durante esta; os sonhadores da indústria democratizada, ao lado dos criadores de novas religiões.[9] Mas na época desta segunda conferência em Munique, em seu dramático cenário político, referentes previamente difusos haviam focalizado o alvo predominante. A Revolução Alemã havia posto o poder nas mãos de "diletantes absolutos", cuja única pretensão a ele era "seu controle das metralhadoras"; tudo que distinguia o governo dos bolcheviques ou ideólogos espartaquistas, assembleias de trabalhadores ou de soldados, do governo de qualquer ditadura militar era seu "diletantismo".[10] Eisner era um exemplo privilegiado na Baviera. Outro era Trotski, que exibia "a vaidade típica dos *literati* russos" ao questionar a boa-fé da Alemanha em Brest-Litovsk, forçando o Reich a impor sua própria paz.[11] Naqueles anos, os termos familiares da antipatia anterior fundiram-se numa figura por outro lado evasiva ou ausente na sociologia da modernidade de Weber – o "intelectual". Na palestra que ele deu para funcionários graduados austro-húngaros sobre socialismo em julho de 1918, ele lhes disse que o "governo bolchevique consistia em intelectuais, alguns dos quais estudaram aqui em Viena e na Alemanha; entre eles há certamente apenas uns poucos russos".[12] Em Munique, poucos meses depois, ele declarou que a "excitação estéril" dos piores intelectuais russos havia agora se espalhado às suas contrapartes alemãs "neste carnaval fantasiado de revolução".[13] Tais febres, típicas dos "meros diletantes políticos", eram a antítese da paixão disciplinada do verdadeiro político – para não falar da pesquisa desinteressada do cientista. Identificada com os socialistas revolucionários de todas as convicções – USPD, espartaquis-

---

9 *GPS*, p.311, 189, 217-18, 249; *WS*, p.314.
10 *GPS*, p.521, 550; *FMW*, p.91-2, 119.
11 "Der Sozialismus", *Gesammelte Aufsätze zur Soziologie und Sozialpolitik*, Tübingen, 1924, p.513-5 – doravante *GASS*.
12 Ibid., p.514; estaria Weber referindo-se a judeus? Parece difícil acreditar, mas de outro modo a observação parece inescrutável.
13 *GPS*, p.545-6; *FMW*, p.115.

tas, sindicalistas, bolcheviques – a figura do intelectual, carecendo das aptidões especializadas para a ciência ou para a política, indica irresponsabilidade e incompetência genéricas.

O contraste teórico, ao menos, parece suficientemente rígido. Entretanto, a noção do que é um intelectual, igualmente, sofre uma curiosa perturbação lateral nos escritos de Weber, pois um dos temas centrais de seu pensamento ulterior – inesquecivelmente desenvolvido em "Ciência como uma vocação" – é o que ele denominava a "intelectualização" da vida moderna. Com isso, ele referia-se exatamente àquele processo de especialização que divide a vida em esferas de valor separadas e incompatíveis, drenando o significado dela como um todo. "A sina de nossa época, com sua racionalização e intelectualização características – acima de todo desencantamento do mundo – é que os valores definitivos e mais elevados foram retirados da vida pública."[14] Em outras palavras, aqui o caráter do processo é exatamente o oposto das figuras que deveriam logicamente incorporá-lo. O intelectualismo pressagia apenas sobre o que os intelectuais abstêm-se de fazer. De maneira crucial, além disso, Weber deplorava as consequências do processo conforme ele o descreveu. Após evocar a "luta interminável e inconclusiva" entre diferentes perspectivas sobre a vida no mundo desencantado, ele contou à sua audiência que também "odiava o intelectualismo como o pior dos males" dos tempos modernos.[15] A expressão mais forte dessa antipatia é, obviamente, o acerbo veredicto final de *A ética protestante*: "Sobre o último estágio deste desenvolvimento cultural pode realmente ser dito: 'Especialistas sem espírito, sensualistas sem coração; esta nulidade imagina que alcançou um nível de civilização nunca antes atingido.'"[16] O desprezo nietzscheano pelo

---

14 *GAW*, p.554; *FMW*, p.155.
15 *GAW*, p.550-1; *FMW*, p.152.
16 *Gesammelte Aufsätze zur Religionssoziologie*, Tübingen, 1934, p.204; *The Protestant Ethic and the Spirit of Capitalism*, New York, 1958, p.182 – doravante *GAR* e *PE*.

Fachmensch poder-se-ia estender aqui ao *Berufsmensch* – ambos de fato sendo equacionados como produtos da burocratização do poder e da cultura, cujos efeitos a longo prazo ameaçavam dar em algo como um cativeiro egípcio do espírito.[17] Weber, que estava seguro de que ele mesmo "poderia até certo ponto desempenhar uma quantidade razoavelmente grande de posições", tinha razão em dizer que detestava este tipo de intelectualismo.[18]

Por outro lado, por mais que o detestasse, Weber nunca formulou uma alternativa. Em parte, certamente, porque ele via a especialização como a condição inalterável da modernidade, quaisquer que fossem seus subprodutos culturais. Mas, provavelmente, também porque ele temia as formas históricas reais que uma alternativa poderia assumir. Antes da guerra, ele observara duas *intelligentsia* que recusavam uma separação de esferas de valor. Na Rússia, uma *intelligentsia* revolucionária rejeitava o capitalismo pela esquerda, em nome do que Weber via como "o último grande movimento" na história "para se aproximar de uma religião".[19] Na Alemanha, uma *intelligentsia* conservadora duvidava de que "o domínio do capital proporcionaria garantias melhores ou mais duradouras à liberdade pessoal e ao desenvolvimento da cultura intelectual, estética e social do que a aristocracia do passado", e assim – "um fato sério" – "os representantes dos mais altos interesses da cultura deram as costas, e com a mais profunda antipatia opuseram-se ao inevitável desenvolvimento do capitalismo, recusando-se a cooperar em erguer a estrutura do futuro".[20] A ordem social que Weber defendia, ainda que às vezes como não mais do que um freio relativo no crescimento da burocracia, encontrava-se, portanto, sob tenaz ataque da esquerda e da direita pelos mais proeminentes grupos de intelectuais em

---

17 *WG*, p.576; *ES*, p.987.
18 *MWL*, p.197; *MWB*, p.185.
19 *WG*, p.313-4; *ES*, p.515-6.
20 Conferência de St. Louis, "Capitalism and Rural Society in Germany", *FMW*, p.371-2.

seu horizonte. Não é de surpreender que ele fosse tão hostil à categoria quando o capitalismo entrava na crise mais perigosa de sua existência.

Entretanto, o problema colocado pela ruína levada a cabo pelo "intelectualismo" – a desintegração dos valores – permanecia. Era o sentido mais forte de vocação que predominava na mente de Weber quando ele deu suas conferências de Munique. Ciência e Política eram chamamentos – uma intimação à conduta apropriada a cada uma. Mas como era possível uma ética para elas, uma vez que o processo de intelectualização havia despido o mundo de todas as obrigações objetivas? Nos próprios textos, dois tipos de resposta podem ser encontrados. O primeiro tenta formular uma moralidade adequada a cada chamamento em termos da lógica imanente à sua prática. A prática da ciência ajuda ou força os indivíduos a enfrentar a lógica de suas escolhas de vida, "a prestar contas do significado decisivo de suas ações", mesmo não podendo prescrevê-la. Assim agindo, declarava Weber, ela serve às *sittliche Mächte* – forças morais-sociais – do "dever, clareza e responsabilidade".[21] A prática da política, por seu lado – porque seu principal meio é a violência – requer cálculo sóbrio do que pode advir de qualquer ação contemplada: não a moralidade da pura intenção pregada no Sermão da Montanha, mas a responsabilidade cívica defendida por Maquiavel. Em cada campo, a ética adotada – uma de clareza intelectual, a outra de consequência prática – é de um tipo tecnicamente formalista, não estipulando fins substantivos. Ademais, Weber concedia, nenhuma delas poderia motivar sua própria adoção.[22] Uma decisão externa a, e injustificável por, cada uma delas era necessária para isto. Este decisionismo, com seus antecedentes marcadamente nietzscheanos, tem sido agudamente criticado por

---

21 *GAW*, p.550; *FMW*, p.152.
22 *GPS*, p.558; *FME*, p.127; *GAW*, p.550-1; *FMW*, p.152.

Habermas e outros: seu molde irracionalista é óbvio o suficiente. O que foi menos percebido é a incoerência de cada uma das prescrições mesmas. Após definir a ciência contemporânea como conhecimento inerentemente *especializado*, Weber exclui de antemão qualquer possibilidade de argumentar que ela possa realizar a tarefa completamente genérica de esclarecimento lógico que ele finalmente lhe atribui; e, de fato, há um deslocamento previsível nesta altura do texto para a *filosofia* como a ajudante indicada – isto é, exatamente o oposto das ciências como descritas por ele, ou a mais geral das disciplinas intelectuais. De maneira semelhante, sua demanda por uma ética de responsabilidade na política centra-se essencialmente sobre a afirmação de que no mundo do poder ocorre que fins bons podem ser alcançados por meios maus – isto é, o uso da força proibida pelo Sermão da Montanha. É sobre "este problema da justificação dos meios pelos fins que uma ética de convicção inevitavelmente se fundamenta".[23] Mas desde que, para Weber, o meio decisivo em política, ele nunca se cansa de repetir, é a violência, os meios são por definição *sempre* maus: eles deixam portanto de ser discriminativos – de modo que no interior desse esquema as políticas, paradoxalmente, só podem ser julgadas por seus fins; em outras palavras, precisamente a máxima de uma ética de convicção. Ao mesmo tempo, ao assinalar que a "tragédia de toda ação política" é que "via de regra" – em outras palavras, qualquer ética que seja adotada – os resultados não somente falham em coincidir com as intenções, mas as contradizem, ele torna os fins mesmos incalculáveis e as lições de estadismo que ele tira de Chandragupta doravante sem relevância. Num notável *non sequitur*, Weber tira a conclusão de que "precisamente por causa" de sua incalculabilidade, a ação política "deve servir uma causa se for para ela ter uma força interna" e não

---

23 *GAW*, p.550; *FMW*, p.151-2; *GPS*, p.553; *FMW*, p.122.

"portar a maldição da nulidade criatural". Mas "a causa que o político adota em sua orientação para o poder é uma questão de fé".[24]

Se os esforços de Weber para deduzir uma moralidade específica à prática da ciência ou da política carecem de muita força de convicção, há um tema mais consistente que é parcialmente encoberto por eles. Trata-se de uma psicologia do sucesso prático, que fornece a verdadeira voltagem da explicação. O que é notável é a semelhança de sua fórmula em cada chamamento. O primeiro requisito do cientista, Weber explicava, é a paixão – "um estranho frenesi" que é a condição da inspiração. O segundo é trabalho duro, que normalmente prepara o terreno para ela.[25] Intoxicação por um lado, aplicação pelo outro, são as chaves do *insight* científico. Na política, do mesmo modo, a primeira qualidade essencial do político é a paixão – devoção ao "deus ou demônio" de uma causa. A segunda é o afastamento, a capacidade para um olhar frio no mundo e no eu, que exige um "firme domínio da alma" que coloca o verdadeiro político à parte do diletante.[26] A dualidade é ecoada no rasgo conclusivo que evoca o espetáculo "incomensuravelmente tocante" do "homem maduro" numa encruzilhada da consciência, a quem Weber representa – ignorando uma afirmação anterior de sua incompatibilidade – como subitamente sintetizando a ética de responsabilidade e a de convicção na sua pessoa: "que é verdadeiramente humana e comovente".[27] A receita para as duas vocações é, portanto, basicamente a mesma – uma combinação de paixão intensa e disciplina férrea. A recorrência deste tropo por meio da separação entre ciência e política tinha profundas fontes biográficas, pois ela correspondia, por certo, ao senso que Weber tinha de si mesmo. Nas palavras ressonantes de sua proposta de casa-

---

24 *GPS*, p.547-8; *FMW*, p.117.
25 *GAW*, p.530-2; *FMW*, p.135-6.
26 "Jene starke Bändigung der Seele": *GPS*, p.545-6; *FMW*, p.115.
27 *GPS*, p.559; *FMW*, p.127.

mento a Marianne: "As ondas da maré da paixão quebram altas e está escuro em torno de nós – venha comigo, minha companheira de alma elevada, para longe da baía tranquila da resignação, para o alto mar, onde o crescimento vem da luta de almas e o efêmero tomba. Mas *reflita*: na mente e na alma do navegante deve haver clareza, quando tudo oscila sob ele. Não devemos tolerar nenhuma rendição caprichosa aos estados turvos e místicos dentro de nós. Pois quando os sentimentos se erguem alto, você deve agrilhoá-los para ser capaz de pilotar com sobriedade".[28] Nesta ponte de comando, cientistas e políticos já estão no timão.

Os retratos que Weber faz deles não se esgotam completamente na projeção do que poderia ser chamado seu próprio vulcanismo. Além dessa origem comum, eles têm características próprias. O cientista é um professor e seu trabalho é necessariamente impessoal. O político é um líder, cuja autoridade só pode ser pessoal. A vaidade no primeiro, embora frequente, é inócua; no segundo, ruinosa. Esses contrastes têm por finalidade sublinhar a segregação das duas atividades. Mas na explicação de Weber, a diferença fundamental entre ambas reside alhures. A ciência é a principal força para aquela racionalização do mundo que o desnudou de valores objetivos e deve ela mesma, portanto, abster-se da expressão de preferências subjetivas. A política moderna opera no interior do mundo desencantado criado pela ciência, mas necessariamente opõe as causas subjetivas umas contra as outras. O erro cardeal para o cientista é desviar-se por esta linha para julgamentos de valor sobre a vida pública. "A política não tem lugar na sala de aulas." O dever próprio de um orador público numa democracia, declarou Weber, é usar as palavras não como "relhas de um arado para preparar o solo do pensamento contemplativo", mas como "espadas contra oponentes, instrumentos de luta". Tal linguagem seria, contudo, "um ultraje numa aula".[29]

---

28 "Denn wenn die Empfindung Dir hoch geht, Musst Du sie bändigen", *MWL*, p.190; *MWB*, p.179.
29 *GAW*, p.543; *FMW*, p.145.

Mesmo o olhar mais apressado sobre as duas conferências revela quão longe Weber estava de praticar estes preceitos. Julgamentos de valor abundam em ambas, conferindo-lhes sua força retórica peculiar. A estrutura toda de "Ciência como uma vocação" encaminha-se para uma desapaixonada advertência final contra o "logro ou engano de si mesmo" dos novos cultos religiosos fabricados pelos intelectuais "sem uma nova e autêntica profecia" – como distintos dos "valores sublimes" que se encontram nos domínios transcendentais da "vida mística" ou nos domínios íntimos onde as "pulsações" da comunidade imediata lembram o *pneuma* sagrado dos antigos.[30] Quais poderiam ser os critérios científicos para demarcar isto, nos próprios termos de Weber? Os fins polêmicos de "Política como uma vocação" são ainda mais insistentes e explícitos. Longe de ser o comunicado neutro prometido por Weber em suas frases iniciais, em que toda apologia estaria "completamente excluída" – *ganz ausgeschaltet* – a conferência está repleta de furiosos ataques contra os socialistas revolucionários da época, na Rússia e na Alemanha. Numa passagem típica, Weber pôde acusar o bolchevismo num só fôlego de desarmar e desprover todos os "elementos burgueses" e de aceitar "tudo o que ele havia combatido como instituições burguesas"; de erigir seu poder sobre uma rede de informantes que despiu a polícia tzarista de suas posições e de usar os agentes da Okhrana como "o principal instrumento em seu poder de estado". A Revolução Alemã era um "vasto colapso" em sucessivas "ditaduras do populacho". A tentativa de criar o socialismo nas condições da moderna luta de classes estava fadada a recorrer a "motivos éticos predominantemente básicos" – "a satisfação do ódio e a obtenção de vingança", "poder, botim e despojos".[31] Pronunciamentos como esses, a poucos dias do assassinato de Luxemburgo e Liebknecht, eram realmente espadas.

---

30 *GAW*, p.553-4; *FWM*, p.154-5.
31 *GPS*, p.505, 529, 556; *FMW*, p.77, 100, 125.

A incapacidade de Weber de separar ciência e política na sua prática, por mais radical que fosse, importa menos que a natureza do relacionamento efetivamente em ação entre ambas em seu pensamento como um todo. Os temas centrais de sua sociologia da modernidade são o desencantamento e a burocratização – a perda de significado e a perda de liberdade paradoxalmente levadas a cabo pelo processo de racionalização que levou a civilização ocidental à sua liderança sobre o resto do planeta. A ciência é a principal responsável pela desmistificação do mundo. Mas qual é a natureza do declínio do encantamento que ela causa? Naquela que talvez seja a mais conhecida de suas passagens, Weber a descreve como um novo politeísmo no qual "os muitos deuses dos antigos, não mais mágicos, mas tornados forças impessoais, erguem-se de seus túmulos e lutam pelo poder sobre nossas vidas num interminável combate mútuo".[32] Que deidades são estas? Weber amalgama duas respostas em sua explicação que são logicamente independentes uma da outra. Uma é que elas representam, como no panteão da Antiguidade, ideais rivais de riqueza, poder, arte, amor, conhecimento – em outras palavras uma *multiplicidade* de esferas de valor. Poderiam, então, existir normas obrigatórias específicas a cada uma, inerentes à natureza de seu domínio. Esta é a versão, derivada de Mill, na qual Weber se apoia para argumentar por uma ética de responsabilidade na política – cuja moralidade ele contrasta com aquelas que governam as esferas de eros, do comércio, da família ou da administração. "Nós estamos situados em várias esferas de vida, cada uma delas governada por diferentes leis".[33] Mas existe, por certo, uma segunda resposta: que a luta dos deuses significa – não porque são muitos deles, mas porque perderam sua mágica – uma *indeterminação* geral de valores dentro de cada esfera. Esta é a versão mais radical, derivada de Nietzsche, a quem Weber reverte

---

32 *GAW*, p.547; *FMW*, p.149.
33 *GPS*, p.554; *FMW*, p.123.

ao discutir a lógica geral da cultura moderna, em que "cada passo leva a uma insensatez ainda mais devastadora", um "alvoroço sem sentido a serviço de metas inúteis, autocontraditórias e mutuamente antagônicas".[34] Em outras palavras, a intelectualização do mundo poderia levar ao pluralismo ético ou ao niilismo.

Quais são as consequências dessa concepção do impacto da ciência para a política de Weber? Ele era um liberal do início do século XX, de um tipo especificamente alemão. Direitos civis, competição eleitoral e empresa privada eram condições da liberdade individual. Se o sufrágio universal masculino havia provavelmente chegado cedo demais à Alemanha, a franquia censitária na Prússia era um obstáculo à unidade nacional. A responsabilidade parlamentar era necessária, mas não tinha que se estender à escolha do chanceler. A vida acadêmica deveria estar livre de controle político e os sindicatos, encorajados. Nem direitos naturais nem livre comércio entravam nesse liberalismo, cuja preocupação básica era a formação e expressão da personalidade livre. Antes da guerra, Weber acreditava que uma liderança forte era mais bem nutrida pela seleção competitiva de elites independentes em contextos parlamentares; depois da guerra, por mandatos plebiscitários acima das divisões parlamentares. Ele identificava-se com a burguesia alemã de onde vinha, mas era um crítico incondicional do que sustentava ser a covardia desta na ordem guilhermina. Atacava o conservadorismo e o egoísmo da classe *junker*, mas muito de sua perspectiva era marcadamente aristocrática: poucos termos são tão acalentados em seu vocabulário político como honra. Ferimentos nesta, ele disse à sua audiência em Munique, uma nação nunca poderia perdoar.

Pois seus compromissos políticos mais profundos eram, por certo, nacionais. Weber nunca retificou sua conferência inaugural em Freiburg, que anunciava no início de sua vida acadêmica que os "interesses de poder da nação são os

---

34 "Zwischenbetrachtung", *GAR*, p.570; *FMW*, p.356-7.

interesses definitivos e decisivos" para o estudo da política econômica, "uma ciência a serviço da política" para a qual a *raison d'état* é a medida final do valor". Em frases famosas, ele declarou: "não é o caminho da paz e da felicidade humana que devemos mostrar aos nossos descendentes, mas a luta interminável pela preservação e aperfeiçoamento de nossa raça" — "no ar duro e limpo em que floresce o trabalho sóbrio da política alemã, ainda que impregnado também pelo grave esplendor da emoção nacional".[35] Crítico da inépcia diplomática do regime guilhermino, ele era um forte defensor da expansão naval e colonial alemã. Quando irrompeu a Primeira Guerra Mundial, ele saudou-a com júbilo: *"Qualquer que seja o resultado, esta guerra é grande e maravilhosa"*.[36] Ela levava ao "renascer interno da Alemanha", pois o país tinha uma *"responsabilidade diante da história"* de tornar-se um grande poder, como uma nação de setenta milhões cujo "chamamento como um povo dominante" deveria "mudar a direção do desenvolvimento mundial". A causa pela qual os alemães lutavam "não era mudanças no mapa ou lucro econômico, mas *honra* — a honra de nossa nacionalidade".[37] Se "nosso Estado tinha que tornar-se um campo armado", era porque ele tinha o dever de evitar que "o poder mundial — isto é, o controle da cultura do futuro — fosse dividido entre os regulamentos dos burocratas russos e as convenções da 'sociedade' anglo-saxã, talvez com uma pitada de *raison* latina". Somente o poder militar alemão poderia proteger as pequenas nações da Europa, e assumir o papel que cabia ao Segundo Reich na "modelação da cultura do planeta". Aqui residia o "trágico dever histórico de um povo organizado como um estado de poder", sem o qual o Império

---

35 "Der Nazionalstaat und die Volkswirtschaftspolitik", *GPS*, p.14, 25.
36 "Gross und wunderbar" — ele repetia a frase como um refrão: *MWL*, p.527, 530, 536; *MWB*, p.519, 521-2, 528.
37 "Deutschland unter den europäischen Weltmachten", *GPS*, p.170, 176; "Parlament und Regierung im neugeordneten Deutschland", *GPS*, p.442.

Alemão seria "um luxo ocioso, culturalmente hostil".[38] Weber nunca se arrependeu destas visões exultantes. Seu nacionalismo sobreviveu intacto à derrota de 1918 – "a guerra teve que ser feita porque a honra alemã assim o exigiu". Ele terminou sua vida olhando adiante para outro grande Estado-Maior, confiante em que "a história, que já nos deu – e apenas a nós – uma segunda juventude, nos dê também uma terceira".[39]

O nacionalismo de Weber era mais importante para ele do que seu liberalismo. Mas ambos estavam relacionados, na medida em que durante a maior parte de sua vida ele acreditou que somente uma ordem política liberal podia equipar a Alemanha para desempenhar seu papel atribuído de poder imperial. Se eles conflitavam, todavia, dentro do horizonte de sua própria experiência, os princípios nacionalistas vinham antes. Ele declarou que para ele "a nação alemã e seu futuro no mundo pairam acima de todas as questões de organização do estado" e, no momento em que os Freikorps não hesitavam em incitar "violência revolucionária" a serviço do irredentismo alemão, "aquele que não está disposto a arriscar patíbulo e prisão não merece o nome de nacionalista".[40] Embora, para alguém de sua geração, Weber falasse sem rodeios, essa hierarquia de valores tinha sido característica da tradição principal do liberalismo alemão na época da unificação, exemplificada na carreira dos nacional-liberais. Mas, na época de Weber, as apostas eram mais altas – não se tratava mais da unidade nacional, mas do poder mundial. Como justificar isso? Há dois temas básicos em seus escritos belicistas. Um é a missão cultural do povo alemão de salvar o mundo do *diktat* russo e da etiqueta inglesa, igualmente desprovidos de autenticidade interna. Este era um *topos* padrão da literatura da época da guerra,

---

38 "Zwischen zwei Gesetzen", *GPS*, p.143-4.
39 Discurso de janeiro de 1919, *MWDP*, p.347. – *MWGP*, p.323; Carta de 24 de novembro de 1918, in: Eduard Baumgarten (Ed.) *Max Weber – Werk und Person*, Tübingen, 1964, p.538.
40 *GPS*, p.439; *MWDP*, p.335-7; *MWGP*, p.312-3.

contendo uma quantidade de variações individuais. Em comparação com as extensas construções de Thomas Mann, ou mesmo de seu irmão Alfred, seu uso por Weber é completamente superficial: à diferença deles, ele nunca assinalou as virtudes contrastantes da *Kultur* alemã – concedendo, pelo contrário, que nações menores frequentemente produziam arte melhor e demonstravam mais comunidade que as grandes – e nunca opôs a *Zivilisation* anglo-francesa a ela, permanecendo a Rússia sempre o mais perigoso inimigo, a seu ver.

O verdadeiro mandato para a mundialmente histórica opção alemã pela guerra reside alhures. Foi o destino – *Schicksal* – que o determinou. Na medida em que "a mera existência de um grande poder, como aquele que nos tornamos, é um obstáculo no caminho de outros grandes poderes", o conflito europeu era inevitável. "O fato de sermos um povo não de sete mas de setenta milhões – *este* foi nosso destino. Isso fundava uma responsabilidade inexorável diante da história, da qual não poderíamos escapar mesmo que o quiséssemos. Devemos deixar isto sempre claro, quando a questão do 'significado' desta guerra interminável é agora levantada. A força magnética desse destino lançou a nação para o alto, passado o perigoso abismo do declínio, na trilha de honra e fama, da qual não poderia haver volta – no ar duro e límpido dos domínios da história mundial, para olhar sua severa majestade na face, como uma lembrança imperecível para nossos remotos descendentes."[41]

O ponto crucial aqui é a vinculação de *significado* e *destino*. Ela recorre novamente, de uma maneira particularmente significativa, quando ele compara a vida das massas na paz e na guerra, falando daquela "luta econômica sem amor nem piedade pela existência, que a fraseologia burguesa chama de 'trabalho cultural pacífico', na qual centenas de milhões desgastam corpo e alma, nela mergulham, ou levam uma vida infinitamente mais desprovida de qualquer

---

41 *GPS*, p.143, 177.

'significado' perceptível do que o engajamento de todos (inclusive das mulheres – na medida em que elas também 'movem' guerra, quando fazem o que devem) na causa da honra, *isto é* – os deveres históricos da nação decretados pelo destino".[42] Para Weber, em outras palavras, o nacionalismo estava acima de todo significado recobrado. Não é por acaso que neste texto, dedicado a Marte, ele deveria invocar o tema do novo politeísmo. O propósito de seu argumento era descartar o pacifismo como uma mentalidade evangélica incompatível com qualquer ação neste mundo. Mundo que incluía não apenas "beleza, dignidade, honra e grandeza", mas também "a inevitabilidade das guerras pelo poder", e as diversas leis referentes a cada um destes domínios. Aquele que entra no mundo "deve *escolher* qual desses Deuses vai servir, ou quando um e quando outro".[43] Destino e escolha são portanto explorados lado a lado, na mesma construção retórica. A oscilação entre ambos corresponde, poder-se-ia dizer, aos dois polos da perspectiva política de Weber. A ideia de uma livre escolha entre os códigos localmente válidos deste mundo, permitindo negociações temporais entre eles, respondia ao liberalismo de Weber. Ela seguia a lógica da versão suave do desencantamento. A ideia de um destino absoluto impondo um valor, sem apelação ("não poderíamos escapar, mesmo que quiséssemos"), inspirava seu nacionalismo. De uma maneira paradoxal, ela seguia a lógica da versão forte do desencantamento. Pois se não existem códigos especificamente válidos, em nenhuma esfera da vida, não há base para selecionar ou negociar entre eles. A escolha que é puramente arbitrária gira em torno de uma outra forma de facticidade. Um puro decisionismo está, portanto, sempre sujeito a ser encoberto por um fatalismo radical. Nietzsche já havia demonstrado esse paradoxo, ao deslocar-se da morte de deus para o *amor fati* – a vontade de poder operando simultaneamente como desafio metafísico

---

42 *GPS*, p.144-5.
43 *GPS*, p.145.

e destino físico. O mesmo se dava com Weber. Se a escolha entre valores é racionalmente impossível, a probabilidade da nacionalidade torna-se incontestavelmente valiosa. A intelectualização do mundo que o despe de significado induz aqui exatamente àquele sacrifício do intelecto que Weber sob outros aspectos desprezava, na descoberta do significado supremo no destino, e sua decoração moral como dever. Weber, é claro, não estava sozinho nessa precipitada corrida para a Grande Guerra. Mas é notável o quão inconsciente ele estava, sociologicamente, de sua própria solução para o desencantamento que temia. O alcance de sua autorreflexão estava na frase solitária na qual os limitados parágrafos sobre a "nação" na vasta massa de *Economia e sociedade* esgotavam-se: "Os intelectuais estão em certo grau predestinados a propagar a ideia 'nacional'".[44] A força política mais poderosa de sua época e paixão central de sua atividade pública está ausente de sua visão teórica. É como se o nacionalismo tivesse que se isentar da luz da ciência, como consolação para o que forjara. Ele estava imune também às máximas da política que Weber ostensivamente defendia. Os sermões da esquerda sobre a ética de responsabilidade têm sua ironia, pois foi Weber quem saudou a carnificina da Primeira Guerra Mundial "qualquer que seja o resultado" – com um culto da comunidade expressiva e um *pathos* de poder militar descuidado de todas as consequências. O custo dessa ética de convicção foi de cerca de sete milhões de vidas.[45] Mas no campo de batalha essas mortes eram encantadas. "A guerra garante ao guerreiro algo de um significado único: a vivência de um sentido na morte que a consagra" – "a comunidade do exército mobilizado sente-se hoje como

---

44 *WG*, p.530; *ES*, p.915-6.
45 No fim de tudo, Weber ainda pôde falar da guerra na linguagem da mesa de jogo, aplaudindo Ludendorff como um *wahnwitziger Hasardeur*. Somente "velhinhas" poderiam perguntar quem era responsável pelo massacre e derrota, pois foi "a estrutura da sociedade que produziu a guerra": *MWDP*, p.317; *GPS*, p.549; *FMW*, p.118.

uma comunidade até a morte: a maior de sua espécie".[46] A *Sinnlosigkeit* da palavra dissolve-se no sublime moderno, a *Sinnhaftigkeit* do destino nacional.

* * *

Passar das páginas de Max Weber para as de Ernest Gellner é uma grande mudança de atmosfera. Isto não apenas porque os dois pertencem a épocas tão diferentes. Seus temperamentos e tons são muito contrastantes – o que poderia ser mais antitético do que o pessimismo heroicamente elevado de Weber e o otimismo deliberado de homem simples de Gellner: a alta retórica de um e as piadas baixas do outro? A distância entre a classe média cultivada de Berlim sob Bismarck e a de Praga sob Benes tem sua parte nisso – os hábitos tchecos, na ausência de uma nobreza, eram sem dúvida mais igualitários. Mas há também uma nítida oposição de antecedentes filosóficos. Enquanto Weber fora profundamente afetado pelo vitalismo alemão, sobretudo pelo legado de Nietzsche, Gellner vinha do empirismo e utilitarismo ingleses, tal como culminaram em Russell. O abismo entre as duas tradições fala por si mesmo: Gellner é um brilhante exemplo do "eudemonismo" que Weber desprezava. Ironicamente, por outro lado, Weber professava uma modalidade de individualismo metodológico para as ciências sociais, ainda que sua prática – para sua vantagem – a ignorasse; enquanto Gellner era um crítico obstinado da doutrina que, por razões óbvias, raramente atraía antropólogos. Finalmente, mas não menos importante, por certo, há a notável divergência nas formas de seus *corpus*: os estudos maciçamente detalhados de um, monumentos da erudição histórica e improvisação taxonômica, comparados às incursões insubstancialmente exploradas do outro, passando ligeiramente sobre os mais variegados ter-

---

46 *GAR*, p.548; *FMW*, p.335.

renos com efeitos teóricos inesperados. Em todos esses aspectos, os dois são evidentemente antíteses.

Há, entretanto, um outro sentido, no qual, de todos os pensadores sociológicos de épocas ulteriores, Gellner foi o que permaneceu mais próximo aos problemas intelectuais de Weber. Alguns procuraram desenvolver sua analítica formal da ação, erigindo-a em novas grandes teorias de sistemas. Outros assumiram as tarefas inacabadas de sua enciclopédia histórica, dando-lhe uma direção narrativa superior ou consistência tipológica. Mas ninguém se dirigiu com tanta convicção ao feixe nuclear de suas preocupações substantivas. Se tomarmos os grandes temas decisivos da ciência e da política, isto torna-se imediatamente visível. A explicação de Gellner da "estrutura da história humana", como a de Weber, é essencialmente uma explicação da peregrinação da razão pelo mundo, da magia pela religião à ciência. Ela é, por certo, enfocada de modo mais coeso – e também mais seletivo: não a "racionalização" como um todo, que em Weber é um processo que diferencia e transforma todos os domínios da vida, do econômico e administrativo ao estético e erótico, mas a "cognição" como tal – aquele *Reich des denkenden Erkennens* que formam apenas as últimas, ainda que mais importantes, reflexões de Weber sobre o *Zwischenbetrachtung* – é o tema principal de *Plough, Sword and Book*. A filosofia e a ciência têm em primeiro plano nesta versão uma maior força geral. Mas a nova situação criada pelo advento da ciência moderna é a mesma em ambas as explicações – um declínio de significado. Para Gellner, consistentemente com seu ponto de partida, esta é talvez em primeira instância uma crise epistemológica, enquanto para Weber ela era imediatamente ética e existencial. No problema geral colocado pela *Legitimation of Belief*, "O que posso saber?" o que comanda logicamente é "O que devo ser/fazer?"[47] Aqui há duas áreas de problemas às quais Gellner volta repetidamente: a base de validade original da

---

47 *Legitimation of Belief*, Cambridge, 1974, p.30.

ciência moderna e as formas contemporâneas do relativismo filosófico. A primeira, argumentava ele, pode ser mais bem vista como uma união – não inteiramente natural ou fácil – de um sentido empirista do eu e uma concepção mecanicista do mundo: um atomismo de prova e estruturalismo de explicação. O ajuste entre eles nunca é bem selado nos escritos de Gellner, que tende a recorrer a profissões de fé para a autonomia do primeiro – o fantasma, de alguma forma, sempre ruge na máquina. Quando Gellner trata da tradição clássica da filosofia moderna, o universo científico é o frio ambiente mecânico da causação impessoal, purgado do valor que Weber lhe atribuía. Mas quando Gellner enfrenta o problema do relativismo conceitual frouxo da cultura e da ciência do século XX bem mais adiante – o precipitante da crise de significado – *inverte-se para tornar-se seu solvente*. Esta é a mudança intelectual básica que o distingue de Weber. Mudança que reflete em parte suas diferentes situações históricas. Enquanto Weber combateu não mais que brevemente com Spengler nos últimos meses de sua vida, Gellner enfrentou a exuberância de sua descendência quarenta anos depois, conforme mediada por Wittgenstein. A reação de Gellner à doutrina da incomensurabilidade das "formas de vida" incorporadas em diferentes comunidades foi a de enfatizar os poderes cognitivos universais e *com isto morais* da ciência. Em suma, seu argumento tem sido consistentemente o de que a ciência – e só a ciência – traz a indústria moderna, que leva à prosperidade das massas, permitindo moralidade efetiva. É a afluência material garantida pela razão científica que é seu trunfo epistemológico.[48] Nenhuma comunidade, uma vez exposta aos benefícios da industrialização, jamais resistiu a eles; e uma vez obtidos – fome e doença superadas – a decência ética torna-se pela primeira vez geralmente possível. Esta é a mudança de pensamento de *Thought and Change*, em que – poder-se-ia dizer – premissas derivadas de Weber dão um

---

48 *Cause and Meaning in the Social Sciences*, London, 1973, p.71-2.

salto mortal para conclusões próximas a Holbach.[49] A força política do argumento é inteiramente favorável, mas sua forma filosófica é do tipo que o próprio Gellner critica em outros. Basear a verdade filosófica no sucesso tecnológico é guinar rumo ao pragmatismo que ele reprova em Quine;[50] enquanto ligar decência moral a facilidades materiais é mais supor do que achar seu conteúdo. O papel do progresso industrial no pensamento de Gellner é um tanto como o dos direitos humanos no mundo em geral: um valor cujos únicos fundamentos normativos residem na medida de sua aceitação *de facto*. A distância entre esta posição e a de Weber não é apenas uma questão de temperamento. Ela também reflete a imensa transformação das condições de vida trazidas pela indústria desde a Segunda Guerra Mundial, criando níveis de consumo nos países avançados – e prometendo-os aos mais atrasados – inimagináveis na época da Primeira. É difícil imaginar Weber, relaxado diante de um aparelho de televisão, saudando as festividades da época como uma nova Belle Époque.[51] Mas seu realismo sociológico teria respeitado a força empírica da posição de Gellner.

Onde isto deixa o desencantamento? Entre as mais notáveis ideias de Gellner está, é claro, a tese da Jaula de Borracha. A modernidade industrial, longe de construir casas de uma servidão de aço excluindo todo significado,

---

49 Graças à ciência, "para a grande maioria da humanidade, a política atual é uma transição da certeza de pobreza, vida curta, insegurança e brutalidade e da forte probabilidade de tirania para uma condição que contém a quase certeza de afluência e ao menos uma razoável possibilidade de segurança e liberdade"; de modo que, enquanto a moralização no passado era mais um exercício estéril, "hoje a situação é diferente. Uma 'taxa anual de crescimento' razoavelmente modesta, mantida com o tempo, pode fazer mais para aliviar a miséria humana do que toda a compaixão e abnegação que as épocas passadas puderam abrigar". *Thought and Change*, London, 1964, p.46, 219.

50 Ver *Spectacles and Predicaments*, London, 1979, p.234-7, 253-4.

51 Termos de Gellner para a era 1945-1973: *Culture, Politics and Identity*, Cambridge, 1987, p.111.

proporciona terreno aberto para constantes novos florescimentos deste. O reencantamento, de fato, torna-se uma indústria por si mesmo com uma multiplicação de modismos autoindulgentes e credos subjetivistas, do culto oxoniano da linguagem comum aos mistérios californianos da conversação cotidiana.[52] As disciplinas da produção industrial revelam-se mais que compatíveis com estas fantasias de consumo ideológico – com o aumento do lazer e os auxílios técnicos passivos na realidade encorajando-as. Gellner gosta de invocar o desprezo de Weber pela mobília espiritual falsificada de sua época, salientando ao mesmo tempo que ele nunca poderia imaginar o quanto ela se disseminaria. Mas, por certo, no esquema de coisas de Gellner, a proliferação de significados espúrios pode ocorrer porque o significado *real* já foi restabelecido. A ciência fornece a moldura de todas as nossas crenças efetivas, deixando-nos o luxo das crenças simbólicas que podem ser retraídas tão facilmente quanto um videocassete.

Ou assim pareceriam à primeira vista, a partir da doutrina principal de Gellner. Na verdade, uma parte do interesse de sua obra está em conter certas contradições. Em suas reflexões finais sobre a crise do significado, Weber mostrava uma preocupação especial com os dois domínios do valor: o religioso (artificial ou autêntico) e o interpessoal (erótico ou de convivência).[53] Não é por acaso que Gellner dedicaria importantes estudos a cada um deles. Os resultados não são inteiramente consistentes com as harmonias irônicas de sua teoria geral do reencantamento. Das principais religiões mundiais, Weber escreveu menos sobre o Islã, e é esta lacuna que Gellner preencheu para significativo efeito contemporâneo. Apesar de todo seu brilho imaginativo, é verdade que sua sociologia das sociedades muçulmanas existentes as

---

52 A primeira colocação de Gellner desta idéia encontra-se talvez em *Cause and Meaning in the Social Sciences*, p.132-3; seu tratamento formal em *Spectacles and Predicaments*, p.152-65; sua aplicação mais fulgurante é o ensaio sobre etnometodologia: ibid, p.41-64.

53 *GAR*, p.556-63; *FMW*, p.343-50; *GAW*, p.553-4; *FMW*, p.154-5.

modela com muita base sobre o Maghreb, o atrasado oeste selvagem do mundo islâmico, e não nas zonas centrais agrícolas no Oriente Médio. Mas essa limitação é menos significativa para seu programa teórico, mais geral do que sua afirmação, frequentemente reiterada, de que o Islã é tão sobriamente monoteísta, escritural e igualitário que de todas as religiões mundiais é a mais compatível com as exigências de uma era industrializante e será a única talvez a sobreviver intacta a ela. O próprio Khomeini – certamente a mais próxima concepção recente de um "profeta" no sentido weberiano – é apresentado como teologicamente fiel a esta singular modernidade muçulmana.[54] Aqui Gellner, verberando sobre sucedâneos de religião, é curiosamente a-crítico quanto ao item original. A afirmação de que o Islã é igualitário de modo único esquece inteiramente a posição que ele concede às mulheres (sempre algo como um ponto cego para ele). De maneira mais geral, ele negligencia o fato óbvio de que precisamente por tratar-se de uma religião tradicional – isto é, um conjunto de crenças dogmáticas sobre uma ordem sobrenatural – o Islã tende a ser posto em xeque pelo contato com a ciência moderna e o consumo de massa, como todas as outras fés semelhantes, exatamente pelas razões nas quais Gellner insiste alhures, terminando como elas na economia de crença simbólica e não efetiva. A histeria intercontinental quanto à blasfêmia não expressa uma congruência incomum com a modernidade, mas sim um excepcional medo dela. Com boas razões: não haverá um adiamento especial da sentença para a integridade do Corão.

O tratamento de Gellner do domínio do interpessoal é de caráter bem diverso. Se *The psychoanalytic movement* é a mais sagaz de todas as suas polêmicas, é também a mais séria e investigativa: talvez seja seu melhor livro. Ele sugere que em condições de segurança material, fluidez social e anomia moral, os medos e as angústias tradicionais projetados sobre

---

54 *Muslim Societies*, Cambridge, 1981, p.4-5, 62; *Culture, Politics and Identity*, p.145, 148.

o mundo natural passam a concentrar-se no social, nos pontos sensíveis das relações mais íntimas do indivíduo com os outros. Aqui, onde agora se decide a maior parte da felicidade ou infelicidade da vida, tudo parece imprevisível, ainda que com frequência insondavelmente padronizado, uma arena de tensão, mistério e perigo. As doutrinas de Freud devem seu sucesso a uma combinação de explicação ostensivamente científica deste domínio da experiência, com ajuda disfarçadamente pastoral, condensadas em um mecanismo único de transferência confessional. De todas as formas modernas de reencantamento, a psicanálise, oferecendo salvação pessoal mediante uma austera medicação teórica, é a mais forte. Numa literatura adversária considerável, a crítica de Gellner é inigualável. Sua principal preocupação, porém, é menos com suas deficiências intelectuais do que com sua influência cultural. Se ele exagera – a psicanálise nunca foi um "movimento" no sentido normal da palavra, com massas seguidoras –, o erro paradoxalmente deriva de um reconhecimento da escala da aflição que ela promete aliviar. Pois o outro tema principal do livro – a vindicação de Nietzsche contra Hume – é a intrínseca desonestidade e ingovernabilidade da psique humana, contorcida em inúmeras direções involuntárias por múltiplas forças inconscientes que Freud ingenuamente simplificou, assimilando-as às operações da mente consciente.[55] Weber, ao expressar interesse na psicanálise como um novo campo de pesquisa, considerou seu material clínico ainda "alarmantemente tênue", esperando o desenvolvimento em duas ou três décadas de uma "exata casuística" da dinâmica pulsional que ela havia começado a explorar.[56] Estas são essencialmente as demandas que, para Gellner, permanecem ainda insatisfeitas atualmente – mais e melhores provas, teoria mais precisa e complexa, para o estudo do que não é consciente. A ênfase que é colocada na dolorosa precariedade

---

55 *The Psychoanalytic Movement*, London, 1985, p.99-107.
56 *MWL*, p.379-80; *MWB*, p.376.

desta zona de experiência e a intensidade da necessidade de arrancar o seu significado contradizem, não obstante, a descrição da Jaula de Borracha. Pela própria demonstração de Gellner, as barras aqui são realmente frias e duras; e é o desespero, não a distração, que provoca a busca da fuga.

Se são essas as sequências da concepção weberiana de ciência na obra de Gellner, o que é da política? Muito mais diretamente e sem reservas, ele também tem sido um liberal. Este liberalismo é um compromisso primordial, não afetado por sonhos de poder imperial. Mas a concepção de democracia que deriva dele tem pontos sociológicos em comum com a de Weber e poderia ser descrita como uma sua versão benignamente atualizada. A vontade popular só pode existir no interior de uma estrutura social concreta que não pode ser arbitrária: a democracia repousa sobre princípios que não estão baseados no consentimento, mas o limitam. O governo parlamentar, portanto, é mais efetivo onde as decisões a serem tomadas são relativamente marginais. A essência da democracia não é mais talvez do que direitos civis guarnecidos com participação simbólica na comunidade durkheimiana – as eleições essencialmente limitando a vida dos governos, e portanto acautelando indiretamente sua conduta.[57] Seus exemplares ocidentais não deveriam inspirar presunção: eles negligenciam encraves desnecessários de pobreza e preservam áreas arcaicas de hierarquia. Mas eles podem realmente ser bastante aperfeiçoados? Igualitários nos costumes e talvez menos em estrutura, eles podem permitir devaneios de igualdade ainda maior, porque o perigo desta ser implementada é tão pequeno que sua compatibilidade com a liberdade tem pouca probabilidade de ser testada. Ninguém ainda mostrou como o poder poderia ser mais difundido numa sociedade industrial.[58] Em comparação com Weber, há uma adesão muito mais central à abertura das instituições liberais à crítica e reforma como

---

57 *Contemporary Thought and Politics*, London, 1973, p.29-39.
58 Ibid., p.172; *Thought and Change*, p.119.

valores em si; e muito menos (se algum) interesse na liderança que preside sobre elas, uma diferença que se segue das tarefas da época: a missão do Estado não é conquistar o poder mundial, mas gerenciar afluência crescente.

Com essa perspectiva otimista, Gellner reagiu às revoltas do fim dos anos 60 com sardônico bom humor, tratando a rebelião dos estudantes como pouco mais do que a contrapartida do conservadorismo do *establishment* – ambos ideologias igualmente simples, uma rejeitando todas as ideias gerais em nome do senso comum, a outra apregoando qualquer uma delas como um *dérèglement des sens*;[59] ambas confortavelmente abrigadas num reino gratuito de faz-de-conta típico das sociedades industriais avançadas. Sua serenidade, o que não é característico, abandonou-o brevemente nos anos 70, quando a perturbação industrial e o aumento do preço do petróleo parecem tê-lo agitado desproporcionalmente. Textos deste período martelam uma nota apocalíptica que não se encontra em nenhuma outra parte de seus escritos: o horizonte torna-se subitamente ameaçador, a civilização solapada por podridão e traição, a própria Inglaterra arruinada – tudo, aparentemente, por causa da chantagem de mineiros e xeiques. Estes textos são sua modesta versão dos presságios de Weber em Munique: um liberalismo sob ameaça de agitação social, no país e no estrangeiro, temendo, se não uma noite polar, de qualquer modo um "céu escuro e baixo" antes dela.[60] A imagem é de um eleitor conservador em 1979. O retorno ao funcionamento normal, com as condições de *boom* dos anos 80, restaurou o *sang froid* natural de Gellner. Outras e mais duradouras preocupações dominaram posteriormente.

A principal delas, é claro, foi o nacionalismo. Aqui reside a mais significativa e paradoxal de todas as relações entre os dois sociólogos. Pois Gellner saiu-se bem na omis-

---

59 *Contemporary Thought and Politics*, p.8-19, 84-5.
60 *Spectacles and Predicaments*, p.39, 280; *Culture, Politics and Identity*, p.111, 123.

são central de Weber, mais do que seria de esperar. Sua obra contém a mais ousada e mais original teoria do nacionalismo até o presente. Estimulado por seu trabalho de campo no Terceiro Mundo, ele explica a emergência do nacionalismo como um quebra-mar da industrialização diferencial. A tecnologia moderna exige mobilidade ocupacional. Mas quanto mais fluida é a estrutura social, mais unitária é a cultura que ela requer de seus agentes, conforme eles se deslocam e se emaranham mutuamente através de suas posições numa divisão de trabalho cada vez mais complexa e mutável. Este é um imperativo universal do industrialismo. Mas seu advento não é apenas historicamente organizado; ele atinge um mundo já dividido étnica e linguisticamente. Por um lado, nenhuma cultura isolada é ainda poderosa o suficiente para abarcar o globo; por outro, quanto mais tarde uma região chega à industrialização, mais ela arrisca ser subjugada por aquelas que chegaram antes e seus habitantes serem excluídos dos frutos locais do processo. O resultado é nacionalismo: ou a disseminação do impulso de criar estados cujas fronteiras políticas não coincidam exatamente com as fronteiras étnicas. Os movimentos nacionalistas recrutam tipicamente entre uma *intelligentsia* alheada e um proletariado desenraizado – aquela pretendendo beneficiar-se do monopólio dos cargos públicos num estado independente, e este no sentido de ser explorado ao menos por seus concidadãos. Contrariamente aos preconceitos recebidos, a difusão do nacionalismo pelo globo é um processo salutar, que certamente melhorou a sorte e talvez tenha aperfeiçoado a conduta da humanidade. Pois a nação-estado, por mais fortuita que seja sua demarcação original (existem em número bem menor que os possíveis candidatos linguísticos), é a moldura geral necessária para a cultura unitária – e também a proteção preliminar – exigida pela indústria moderna, que é, por sua vez, o único passaporte para a prosperidade dos indivíduos e para a igualdade entre os povos.

Essa explicação da natureza do nacionalismo é conspicuamente poderosa em suas próprias bases. Mas estas bases são autoconfessadamente menos que o fenômeno todo. A teoria de Gellner pode explicar a ascensão das nações-estado na Europa do Leste e a descolonização da Ásia e da África, ainda que tenha dificuldades com a libertação anterior da América Latina. Mas o que fica completamente de fora são as manifestações realmente espetaculares do nacionalismo do século XX – não a independência da Tchecoslováquia ou do Marrocos, mas a Guerra Mundial e o nazismo. Estes processos catastróficos não podem ser brandamente descartados como anomalias, com a discreta garantia de que "generalizações sem exceções são raramente, se tanto, encontráveis".[61] É difícil deixar de sentir um *parti pris* aqui, como se Gellner reagisse exageradamente a representações prévias do nacionalismo como uma força atávica destrutivamente irracional – produzindo algo como um espelho oposto, no qual ele se torna, para todos os efeitos, um princípio inteiramente construtivo e progressista. As imensas ambiguidades históricas do nacionalismo não são apreendidas por nenhuma das concepções; elas pedem uma explicação que seja temporal e espacialmente mais diferenciada. Mas o que Gellner deixa de fora lança uma nítida luz no que ele inclui. A característica mais interessante de sua teoria do nacionalismo é seu monolítico funcionalismo econômico. "A economia precisa de um novo tipo de centro cultural e de estado central; a cultura precisa do estado; e o estado provavelmente precisa da marca cultural homogênea de seu rebanho... O relacionamento mútuo entre uma cultura e um estado modernos é algo inteiramente novo, e deriva, inevitavelmente, dos requisitos de uma economia moderna."[62] Gellner definira antes sua posição sociológica como um "materialismo multiforme", com uma nítida insistência na prioridade geral (não invariável) das (diversas) determinações físicas e materiais da existência social.[63] Qualquer que

---

61 *Nations and Nationalism*, Oxford, 1983, p.139.
62 Ibid., p.140.
63 *Cause and Meaning in the Social Sciences*, p.127.

seja sua variabilidade no decorrer do tempo, este materialismo moderado tem distinguido Gellner de Weber, para quem tal clareza de perspectiva era estranha. Ironicamente, contudo, há um sentido em que a teoria de Gellner do nacionalismo poderia ser descrita como imoderadamente materialista. Pois o que ele simplesmente negligencia é a dimensão esmagadora do *significado* coletivo que o nacionalismo moderno sempre incluiu: isto é, não sua funcionalidade para a indústria, mas sua realização de identidade. Aqui, com efeito, só o racional é real: o irracional, sublinhado em sua crítica da psicanálise, é posto de lado – economia e psique não se misturam. O resultado é que, em seu circuito de reencantamentos, Gellner paradoxalmente perdeu o que é de longe o mais importante de todos no século XX. Há certamente razões de sensibilidade para isto. O mesmo otimismo iluminista que o fez desviar o olhar da ameaça de guerra nuclear durante sua própria Belle Époque, "como não facilmente levada em consideração racional", provavelmente vedou-o diante da Grande Guerra da Belle Époque original: o episódio fundador do século simplesmente parece "em retrospecto pura loucura".[64] Enquanto Weber estava tão tomado pelo feitiço do nacionalismo que nunca foi capaz de teorizá-lo, Gellner teorizou o nacionalismo sem detectar o feitiço. O que era destino trágico para um torna-se função prosaica para o outro. Aqui a diferença entre antecedentes idealista e utilitarista conta.

Mas se a concepção de nacionalismo de Gellner enfoca tão calmamente – às vezes jubilosamente – a causa à custa do significado, há um sentido no qual ela também o faz consistentemente com a estrutura de sua sociologia como um todo. Pois, como vimos, o negócio sério do *Sinnstiftung* já foi tratado, na provisão científica de afluência. O nacionalismo é um meio para os valores da abundância, não uma força de valor em si. Há um preconceito político por trás disto. O liberalismo de Gellner resistiu a qualquer trespas-

---

64 *Culture, Politics and Identity*, p.113,11.

samento da divisão entre esferas pública e privada – crítico de todas as esperanças de uma comunidade mais expressiva do que a que temos agora, na qual os indivíduos encontrarão uma parte maior de sua identidade na vida coletiva. Isto para ele, pareceria, é romantismo perigoso.[65] O domínio público é instrumental, para o gerenciamento da prosperidade – quanto mais marginais seus significados (ele toma a monarquia como um ideal), melhor. A vida privada, em que os frutos da facilidade devem ser fruídos, é a esfera apropriada para a autoexpressão.

Pareceria como se com isso o universo de Gellner tivesse – de qualquer modo potencialmente – resolvido todos os seus problemas importantes, salvo aqueles mal manejados pela psicanálise. Mas há uma serpente no jardim. A ciência pode inesperadamente ter trazido paz entre os deuses em guerra de Weber – colocando Plutão como senhor inquestionável sobre eles. Mas e se seu progresso tivesse que deslocar-se da transformação triunfante do mundo para a do eu?[66] A fraca convulsão do fantasma na máquina, perceptível no início epistemológico do empreendimento de Gellner, volta como um arrepio sociobiológico no seu final. Talvez a engenharia genética possa um dia eliminar as ilusões do ego empirista, deixando apenas leis mecânicas para sua manipulação. A perda de significado afetou o mundo objetivo e revelou-se curável – ou tolerável – com o surgimento *de facto* do consenso subjetivo sobre o significado mais importante afinal. A perda do eu poderia atacar a estabilidade do acordo subjetivo sobre absolutamente qualquer coisa – prosperidade, liberdade, conhecimento. Nestes momentos, é como se Gellner fosse apanhado elocubrando se Weber não subestimou – ao invés de superestimar – os problemas a longo prazo da ciência, tanto para a vida pública como para a privada.

---

65 *Spectacles and Predicaments*, p.38-40.
66 *Plough, Sword and Book*, p.267-68.

4

FERNAND BRAUDEL
E A IDENTIDADE NACIONAL

O mais renomado historiador de sua época, Fernand Braudel, deveu sua reputação internacional a dois grandes volumes sobre o Mediterrâneo na época de Felipe II, que publicou em 1949, e à sua trilogia sobre a civilização material do capitalismo mundial, que apareceu entre 1967 e 1979. Ele morreu poucos meses antes que os primeiros volumes de sua obra final incompleta saíssem em 1986. Mais local em tópico e limitado em execução, *A identidade da França* tem sido tratado geralmente como uma coda encantadora, mas diminuta, a suas realizações como um todo. De fato, esse projeto conclusivo – no qual Braudel embarcou com quase oitenta anos – foi concebido numa escala ciclópica. O tronco que sobrevive, dois volumes dedicados à geografia, demografia e produção, tem perto de mil páginas em sua edição inglesa. Eles deveriam ser seguidos por duas sequências: uma referente à política, cultura e sociedade francesas, a outra, a relações internacionais. Este quarteto sobre a Identidade deveria então ser completado com duas obras subsequentes, respectivamente sobre o Nascimento e o Destino da França, nas quais Braudel planejava retotalizar as estruturas analisadas separadamente nos primeiros quatro estudos numa história narrativa de seu país.[1]

---

1 Espace et Histoire, *L'identité de la France*, Paris, 1986, v.1, p.19, 21.

Talvez incrédulo diante de tal ambição, Siân Reynolds tomou a liberdade de suprimir a plena extensão dela em sua atraente tradução inglesa.

Quais eram os objetivos desse vasto projeto? Os temas anteriores de Braudel foram virtualmente inventados por ele – escavações notavelmente originais de um passado até então pouco explorado. Aqui ele escolheu o mais tradicional dos temas, sobre o qual já existe uma abundante literatura, muito da qual notável. Por que então uma nova história da França? Porque, sustentava Braudel, "a profissão de historiador mudou tão decisivamente no último meio século" pela superação dos limites do território precariamente delimitado das "diversas ciências sociais – geografia, economia política, demografia, ciência política, antropologia, etnologia, psicologia social, estudos culturais, sociologia".[2] A alegação de Braudel era de que estas inovações tornaram possível uma exploração mais profunda das continuidades que moldaram a França, uma descida espeleológica às profundezas de "uma história obscura, correndo sob a superfície, recusando-se a morrer – a qual este livro propõe, se possível, trazer à luz".[3] As *longues durées* subterrâneas assim descobertas poderiam então permitir a captura comparativa do que foi historicamente específico à França; pois somente estruturas que são duráveis ao longo do tempo, em oposição a eventos que se espumam e desaparecem com ele, permitem contrastes significativos entre as experiências nacionais.[4] Tacitamente (isto nunca é inteiramente formulado), esta é a dupla força do termo "identidade" no título do livro – denotando o que subsiste e o que distingue, sugerindo que são o mesmo. A premissa da pesquisa multidisciplinar de

---

2 *L'identité de la France*, I, p.11; *The Identity of France*, v.I, *History and Environment*, London, 1988, p.17 (doravante IF-I).

3 *L'identité de la France*, I, p.14; *IF*-I, p.20.

4 Ver sua explicação em *Une leçon d'Histoire de Fernand Braudel*, Paris, 1986, p.70, as atas de um colóquio em Châteauvallon em outubro de 1985, em que Braudel discutiu sua obra com colegas e críticos pouco antes de morrer.

Braudel é que o particular e o permanente na França têm sido o mesmo.

Braudel chama seu empreendimento de jogo. Em que medida ele teve sucesso? A obra de que dispomos tem uma estranha atração em si, que em certa medida vem de seu estado de inacabada. Braudel sempre aspirou às totalidades, mas seu forte são os detalhes. Aqui, num livro admitidamente pessoal, estes estão mais volúveis do que em outras partes; mas também, frequentemente mais delicados e calorosos. O primeiro volume oferece uma descrição física das principais regiões da França e das camadas de sua ocupação; indo de análises gerais de suas aldeias e cidades a reflexões específicas sobre o papel do corredor do Rhone, a primazia agrária da bacia parisiense, as fortalezas estratégicas de Metz e Toulon. O segundo traça um perfil demográfico das populações que viveram na área do hexágono; explora o estabelecimento e o alcance de suas atividades agrícolas – criações, vinho, cereais; e termina por examinar o caráter histórico do comércio, da indústria e do crédito na França. O estilo casualmente vívido e fluente e a brilhante escolha de exemplos transportam o leitor sem esforço algum, através de terreno que com outros veículos poderia parecer arbitrário, talvez mesmo árido às vezes. É fácil compreender por que tantos resenhistas se estenderam sobre os prazeres do texto. Mas também por que eles reclamaram que Braudel parece ter perdido de vista sua meta inicial ao longo do caminho. Pois a obra como um todo carece de qualquer dimensão comparativa sustentada – ainda que espasmódica. Os diferentes contextos europeus que deveriam logicamente ter dado relevo à experiência especificamente francesa estão virtualmente todos faltando. O resultado é que muito do livro de Braudel é ocupado por longos relatos de padrões de ocupação, práticas agrárias ou procedimentos comerciais que são com frequência próprios à Europa ocidental como um todo, e não peculiares à França. Se seu enfoque move-se livremente para frente e para trás, da remota pré-história aos tempos contemporâneos, ele parece deslizar, aparentemente sem se dar por isto, através de amplas gamas do comum mais do que da identidade, conforme o que era especificamente francês recua ao que era medieval ou pertencia aos primórdios da modernidade em geral. Braudel diz no início que seu tema é sedutor mas esquivo, e isso ele demonstra ser.

Não obstante, em meio à massa alegremente digressiva desta história, desimpedida como ele a queria, há certas afirmações que em princípio indicam uma posição especial da França dentro do continente. A primeira delas é a de que entre todos os países da Europa, a França foi sempre o mais variado em seus dotes naturais. Este é o fio mais insistente de sua obra. Para outros, o espaço seria apenas precariamente histórico como uma característica. Mas a reivindicação empírica de Braudel para a França reflete a primazia teórica que ele concedia à geografia em geral na causação social. As determinações espaciais, declarou ele em outra parte, são "as mais antigas e importantes de todas – o que conta em qualquer história mais profunda".[5] Aqui o privilégio da França é ser uma destas felizes ilustrações do princípio. Pois sua variedade regional, argumenta Braudel, significa abundância material e cultural – uma riqueza de ambientes e recursos contrastados sem igual entre seus vizinhos. A França foi sempre "o fascinante triunfo do plural, do heterogêneo, do nunca-a-mesma-coisa".[6]

Ao celebrar a diversidade francesa, Braudel tem muitos predecessores. Ele cita seu mestre imediato, Lucien Febvre. Mas o tema deriva decisivamente de Michelet, cuja história da França descrevia liricamente os contrastes entre suas províncias, "diversas em clima, costumes e língua", contudo ligadas em compreensão e afeto mútuos;[7] e mais diretamente de Vidal de la Blache, cujo *Tableau de la géographie de la France,* de 1903, declarava que "a palavra que melhor carac-

---

5 *Une leçon d'histoire de Fernand Braudel*, p.208-9.
6 *L'identité de la France*, I, p.29, *IF*-I, p.38.
7 "Tableau de la France", *Histoire de France*, v.II, Paris,1885, p.161, que declara no início: "A história é antes de tudo geografia." Isto foi escrito em 1883.

teriza a França é variedade".⁸ Para Vidal, a "harmonia" de suas partes constituintes e a "boa qualidade de seu solo, o prazer de viver ali" criaram um ambiente que foi "uma força benéfica, um *genius loci*, que preparou nossa existência como nação e conferiu a ela algo saudável".⁹ Em outras palavras, a frase de Febvre "diversidade é o nome da França" já era um tropo há muito estabelecido antes dele. Braudel o adorna afetuosamente. Mas ele não se esforça para substanciar a afirmação da maneira que Vidal o fez, apontando a França como o único país europeu combinando uma zona mediterrânea, uma atlântica e uma continental. Tais contrastes climáticos são reais o suficiente, mas se contribuem para uma diversidade regional maior do que em qualquer outro lugar é uma outra questão. A Alemanha também contém três importantes zonas geográficas, entre o Reno, o Báltico e os Alpes, com subdivisões que – contrariamente à asserção de Vidal – rivalizam com as da França ou as superam. As *Länder* são bem mais vigorosas em seus perfis regionais que as hoje emaciadas *provinces*.

Na realidade, parece mais plausível afirmar que a França distinguiu-se historicamente de seus vizinhos não tanto por sua variedade geográfica, como por sua unidade política cedo conseguida. Esta é, com efeito, a colocação de um outro historiador da *Annales*, Pierre Chaunu, que gosta de estender-se sobre a singularidade do "superestado" francês que, na época do Renascimento, tinha quatro vezes o tamanho e a população da única monarquia unificada comparável, sua rival inglesa.¹⁰ Às vezes o próprio Braudel parece concedê-lo, ao sugerir que a diversidade provincial na França foi de fato um elemento de pressão da centralização real. A pista para a popularidade do tema da variedade nacional reside talvez no triunfo de fato do Estado unitário – um funcio-

---

8 Paul Vidal de la Blache, *Tableau de la géographie de la France*, Paris, 1903, p.40.
9 Ibid, p.50-1.
10 Pierre Chaunu, *La France*, Paris, 1982, p.30, 205. Compare *L'identité de la France*, I, p.279; *IF-I*, p.309.

nando como compensação simbólica pelo outro na ideologia francesa. Uma confirmação disso é sugerida pelo reverso da relação numa Itália que carecia de qualquer Estado unitário. Ali Manzoni rejeitou veementemente o patrocínio de um bem-intencionado Lamartine, durante a revolução de 1848: "Você não percebe que não há palavra mais áspera para nos atirar do que *diversidade*, que para nós epitomiza um longo passado de infortúnio e submissão?"[11] Pode ser menos o fato do que o culto da diversidade regional que nos fale algo específico sobre a história da França.

Há uma segunda afirmação da especificidade francesa na explicação de Braudel, menos proeminente ou enfatizada, mas comparável em espécie. Voltando-se da geografia para a demografia, ele alega que o grande desafio para a imaginação histórica de hoje é superar a divisão artificial entre pré-história e história, como tradicionalmente concebida – e que os avanços da arqueologia tornaram anacrônica. Uma vez isto feito, sustenta ele, um notável fenômeno vem à vista. A França conheceu uma antiguidade de densa ocupação contínua maior do que qualquer outra parte do continente. Ela foi o local do primeiro aglomerado humano conhecido, nos Alpes-Maritimes, um milhão de anos atrás. Ela foi a encruzilhada para a difusão da agricultura neolítica cerca de seis mil anos atrás. Em torno de 1800 a.C., ela contava talvez com cerca de cinco milhões de habitantes. A "combinação biológica" básica que constitui a linhagem populacional da França já estava estabelecida há cerca de quatro milênios.[12] Ao desenvolver esse item, Braudel recor-

---

11 Lamartine, como Ministro das Relações Exteriores da Segunda República, recomendou aos italianos reformas constitucionais refletindo os diferentes tipos de Estado na península. Manzoni, escrevendo de Milão insurgente, disse-lhe: "a palavra que você pronunciou é o oposto" do desejo profundo dos italianos: Alessandro Manzoni, *Tutte le Opere*, v.VII/2, Milano, 1970, p.435.

12 "Les hommes et les choses", *L'identité de la France*, v.II/1, p.60-1; "People and Production", *The Identity of France*, v.II, London, 1990, p.70-1 (doravante *IF*-II).

re à noção de uma "civilização neolítica nacional" proposta por um importante especialista da pré-história francesa, Jean Guilaine, autor de uma obra recente intitulada *La France d'avant la France*. Mas, também aqui, o tema em si não é de modo algum novo. Na introdução de seu quadro da diversidade espacial francesa, Vidal enfatizava que seu complemento era a continuidade temporal. "As relações entre terra e homem são marcadas, na França, por um caráter distintivo de antiguidade e continuidade. Muito cedo no tempo, estabelecimentos humanos parecem ter sido fixados... Tem-se assinalado com frequência que em nosso país seus habitantes se sucederam uns aos outros desde tempos imemoriais nos mesmos lugares."[13] A fascinação com a pré-história encontra-se difundida hoje em dia. Deste lado do Canal, alguns dos mesmos impulsos por trás do interesse de Braudel podem ser percebidos na ficção multissecular local de Raymond Williams. Mas transposta para o registro protonacional, a distância para o mito é curta. A afirmação de Braudel sobre cinco milhões de fazendeiros neolíticos aproxima-se dele. O próprio Guilaine não admite mais de duzentos a quatrocentos mil. Também aqui os atributos da identidade revelam-se menos específicos que especiosos.

As alegações de diversidade e continuidade compartilham, contudo, uma estrutura comum. Elas deveriam ser lidas não como descobertas da história empírica, mas como pontos fixos da ideologia nacional. Todas as mitologias étnicas, tem sido apontado, têm um caráter territorial ou genealógico – traçando a identidade do grupo até uma locação original ou uma ancestralidade primordial.[14] Ideologias nacionalistas ulteriores retrabalharam estes mitemas básicos em suas formas próprias de "espaço poético" ou "memória heroica", como as denomina Anthony Smith em

---

13 *Tableau de la géographie de la France*, p.3.
14 John Armstrong, *Nations before Nationalism*, Chapel Hill, 1982, p.12 ss.

seu estudo fundamental *The Ethnic Origins of Nations*.[15] Em uma passagem tocante, Braudel confessava sua paixão pela França, mas prometia pô-la de lado em seu livro. Ele caracteristicamente acrescentava: "É possível que isso me pregue peças, portanto devo ficar atento".[16] Mas ele acabou sendo enganado. Era igualmente típico dele, contudo, que, descoberto, admitisse seus erros com desarmante bonomia. No final de seu segundo volume, ele relata que uma audiência em Göttingen não quis deixá-lo escapar com a tese da diversidade superior da França e que ele não teve resposta para suas reivindicações de igual variedade alemã; e pouco antes de sua morte, ele pesarosamente admitiu estimativas mais modestas da continuidade genética da França.[17] Embora ele fosse às vezes a criatura de uma autoimagem nacional, ele nunca foi um prisioneiro dela.

Onde essas retratações deixam a busca pela identidade da França? Na última e mais longa parte de sua obra, Braudel desenvolve os elementos de uma outra abordagem a ela, mais séria e menos compatível com o *amour propre* coletivo. O título dessa parte resume sua mensagem: "Uma economia camponesa até o século XX". Aqui Braudel se estende sobre a extraordinária estabilidade da vida agrária francesa, com suas rotinas inveteradas de cultivo e níveis vagarosos de produtividade; controles de nascimento cedo adotados, restringindo a população no campo; o padrão periférico de urbanização – todas as cidades importantes, exceto Paris e Toulouse, espalhadas em torno das bordas do país, deixando um "interior vazio" e, contudo, sem estimular comércio exterior relevante; a ausência de novos complexos industriais comparáveis aos do Ruhr ou dos Midlands; o açambarcamento da cunhagem e a fragilidade do crédito

---

15 Esta obra notável foi publicada no mesmo ano do livro de Braudel: London, 1986, p.183-200.
16 *L'identité de la France*, I, p.9; *IF*-I, p.15.
17 *L'identité de la France*, II/2, p.423; *IF*-II, p.670; e *Une leçon d'Histoire de Fernand Braudel*, p.207.

doméstico; o fracasso em ocupar efetivamente os mares. A França, conclui Braudel, foi marginalizada dentro da história do capitalismo, que se desenvolveu num movimento circular em torno dela a partir do final da Idade Média, da Itália aos Países Baixos, à Inglaterra e à Alemanha, sem jamais transformar o baixo metabolismo do hexágono entre eles. A peculiar identidade da França deriva desse destino – ou fortuna. "Será que tanto a tragédia como o segredo do encanto da França residiria talvez em que ela nunca tenha realmente sido ganha – o que se chama ser ganha – pelo capitalismo?"[18] A Revolução Francesa, contrariamente à opinião recebida, não foi a responsável pela estagnação econômica do país – nem pela sua unificação política. O cunho foi fundido muito antes. A França desfrutou um breve período de liderança econômica no século XIII, quando as feiras de Champagne eram o eixo comercial do continente. Depois disto, ultrapassada pelas rotas marítimas ligando o Mediterrâneo e o Mar do Norte, "a França já não era uma parceira nas mais avançadas atividades econômicas da Europa".[19] Daí em diante ela seria um espectadora cobiçosa dos sucessos de outros povos, ocasionalmente tentada a anexá-los – a Itália do século XV ou a Holanda do século XVII – pela força das armas, em pilhagens inúteis para implantar a calma entre os camponeses em casa.

Esta é uma descrição memorável. Mas quais eram as causas da teia de inércias que constituíam esta identidade francesa? Braudel tem pouco a dizer sobre elas. A rica quantidade de documentação cerca uma peça muito delgada de explicação. O mais próximo que ele chega de uma hipótese comparativa é imaginar, em várias passagens, se o próprio tamanho da França não foi uma desvantagem essencial para o desenvolvimento econômico integrado no início da época moderna, impedindo a emergência de um mercado nacional e criando um estado exorbitante para mantê-la

---

18 *L'identité de la France,* II/2, p.420; *IF*-II, p.666.
19 *L'identité de la France,* II/1, p.146-150; *IF*-II, p.163-6.

unida – enquanto a Inglaterra, em contraste, era pequena o suficiente para formar um mercado único centrado em Londres e para manter a unidade política com um estado modesto.[20] A observação em si é razoável. Mas dificilmente caberia como uma explicação central do caminho de desenvolvimento da França. O que toda a explicação de Braudel da "economia camponesa" da França significativamente ignora é a dinâmica peculiar de sua pequena *propriedade*. A omissão é ainda mais surpreendente por ter sido aqui, exatamente, que Marc Bloch localizou a originalidade da história agrária francesa. O pivô de sua grande obra sobre o tema é uma comparação dos destinos diferenciados dos camponeses conforme seus senhores procuraram resolver a crise dos arrendamentos feudais no ocaso da Europa medieval.[21] Na Europa oriental, o resultado foi a disseminação do domínio de fazendas e uma nova servidão – a perda da liberdade e de segurança individuais; na Inglaterra, foi a transformação dos arrendamentos perpétuos em posses à vontade – liberdade pessoal e insegurança. Somente na França, houve a ampla disseminação da conversão dos arrendamentos costumeiros em propriedade hereditária – liberdade pessoal e segurança. A consolidação dessa agricultura de pequenos proprietários nunca se completou, mas nunca voltou atrás, tornando-se a chave para a estabilidade social e o atraso tecnológico do campo francês até a própria época de Bloch.

Cerca de cinquenta anos mais tarde, Robert Brenner iria desenvolver o cerne do *insight* de Bloch numa análise comparativa magistral das relações variantes de propriedade, provocadas por lutas de classes em torno da terra através da Europa e de suas consequências para o desenvolvimento do capitalismo agrário – exibindo o mesmo contraste tripartite entre Europa oriental, Inglaterra e França, num quadro plenamente sistemático. A explicação de Brenner foi am-

---

20 *L'identité de la France*, II/2, p.225-6; *IF*-II, p.458-9.
21 *Les caractères originaux de l'histoire rurale française*, Paris, 1931, p.126-9.

plamente vista como um marco e desencadeou o que foi, talvez, o mais importante debate internacional entre historiadores desde a guerra.[22] A ausência de qualquer referência dele ao livro de Braudel é surpreendente. O que se pode perceber aqui é mais do que uma fraqueza humana, porém. Pois esta controvérsia – focada centralmente na França, com a participação de importantes historiadores franceses – nunca chegou a ser traduzida para o francês. Talvez a ilustre figura de Emmanuel Le Roy Ladurie, inevitável em todos os canais, não tenha ficado à vontade com uma discussão na qual suas próprias ideias estavam entre as que se encontravam em questão. Mas poderia isto ter resultado num embargo? A explicação parece ser mais ampla, tocando na própria evolução da tradição da *Annales*. Uma das características mais notáveis de seu desenvolvimento mais recente é a extensão na qual ela abandonou dois dos legados centrais da obra de Bloch: sua insistência numa história plenamente comparativa e sua preocupação com relações sociais de propriedade e dependência. A imensa maioria da recente produção da *Annales* tem sido dedicada simplesmente à França – o contraste com a produção anglo-saxã é totalmente espantoso. Dentro dessa literatura mais recente, o lugar da propriedade tem sido cada vez mais tomado pela demografia, com frequência colocada também em teoria como uma alternativa para ela.[23] Boa parte do debate Brenner, por certo, dependeu da importância rival atribuída a estas como mecanismos explanatórios da mudança histórica.

Na versão tornada famosa por Le Roy Ladurie, a interpretação demográfica da história agrária francesa enfatiza os

---

22 Depois de seu aparecimento original em *Past and Present* entre 1976 e 1982, as contribuições reunidas foram publicadas como *The Brenner Debate* (eds. T. H. Aston e C. H. E. Philpin), Cambridge, 1985.

23 Para um exemplo *outré*, ver Hervé Le Bras, *Les trois Frances*, Paris, 1986, que propõe derivar virtualmente toda a geografia econômica e eleitoral do país de um conjunto de tipos de família regionais, eles mesmos interpretados como escolhas racionais em resposta ao centralismo francês.

ciclos malthusianos de longo alcance do campo. O crescimento populacional entre os camponeses faria aumentar os aluguéis e subdividiria os lotes, precipitando assim crises de subsistência que levariam ao declínio da população e à concentração da terra que, por sua vez, terminaria detonando um renovado movimento ascendente de preços e população que, no curso devido, atingiria os mesmos limites de antes. O resultado, sustentava Le Roy Ladurie, era um sistema "homeostático" que impunha restrições férreas sobre o crescimento econômico pré-capitalista. Testado no Languedoc, entre o fim do século XV e meados do XVIII, esse modelo foi então generalizado na Europa ocidental, não mais – de qualquer forma em princípio – distinguindo a experiência francesa como tal.[24] Contra este pano de fundo, um outro *Annaliste* então selecionou um fenômeno muito mais notável e especificamente francês. Em uma série de obras profissionais e populares, Pierre Chaunu enfocou a difusão precoce da contracepção no campo francês durante o século XVIII – controles de natalidade que não assumiam mais a forma "ascética" do casamento, tradicional nos movimentos decrescentes do ciclo malthusiano, mas a nova forma "hedonista", para escândalo dos pregadores contemporâneos, do *saut de l'ange* no leito marital. Aqui algo de excepcional certamente ocorreu na França, como Braudel enfatiza: um padrão sexual que colocava o país à parte do resto da Europa, resultando em crescimento populacional muito mais baixo no século XIX. Quais eram seus motivos? Ele sugere uma combinação de densidade rural de longo prazo com um recém-descoberto ceticismo moral, pós-efeito do peculiar curto-circuito da Reforma e da Contra-Reforma na França. A versão de Chaunu é mais horrível: o pavio seco para "a revolução contra a vida" reside no hiperindividualismo dos pequenos proprietários, num campo super-povoado, subitamente aceso pela ruptura com a religião

---

24 Emmanuel Le Roy Ladurie, "A Reply to Robert Brenner", *The Brenner Debate*, p.102, 104.

tradicional na década de 1790.[25] Curtius notou o significado cultural desse padrão francês em seu perceptivo estudo de antes da guerra *The Civilization of France* (1930), agora datado, mas talvez ainda o melhor ensaio curto na literatura. Mas em cada caso, não há dúvida de que a estabilidade da economia camponesa francesa até os últimos dias da Terceira República deveria ser assegurada por uma autorregulação biológica única de sua espécie; e que se havia um único complexo estrutural que definia o caráter da sociedade francesa moderna mais do que qualquer outro, era essa configuração – que, em termos weberianos, poderia ser chamada de produção ligada à tradição e à reprodução racionalizada.

O que aconteceu, por outro lado, com essas características desde a Segunda Guerra Mundial? Por cerca de duas décadas depois de 1945, a França subitamente reverteu seu passado e experimentou altas taxas de natalidade – uma onda que Chaunu atribui à autoeliminação "suicida" da maioria secularizada nos anos de entreguerras, quando dois quintos dos adultos franceses produziram apenas uma em dez crianças, enquanto uma minoria (quase toda católica) de cerca de um terço produziu uma em cada quatro crianças. Esta compensação miraculosa, como Chaunu a vê, não durou muito. Na altura da década de 1970, os religiosos também foram atingidos pela "Morte Branca" das taxas negativas de reprodução. Mas este era agora um padrão geral catastrófico no Ocidente, que a França seguia enquanto a apologética cristã por toda a parte recolhia-se ao silêncio.[26] Entrementes, no campo, os camponeses eram levados por "um dilúvio que Bloch nunca poderia ter imaginado", escreve Braudel, quando a modernização finalmente engolfou a velha ordem rural, deixando meros sete por cento da força de trabalho na

---

25 Compare *L'identité de la France*, II/1, p.181-5; *IF*-II, p.199-202, com *La France*, p.273-4, 279.
26 Ver *La France*, p.276-7, 359-61; para o natalismo apaixonado de Chaunu, ver seus gritos de alarme em *Le Refus de la vie* (1975), *La peste blanche* (1976), *Un futur sans avenir* (1979).

agricultura. "O espetáculo que supera todos os outros, na França do passado e ainda mais de hoje em dia, é o colapso de uma sociedade camponesa", um modo equilibrado de vida por tanto tempo mantido por suas virtudes – trabalho pesado, sabedoria prática, conforto modesto.[27] Embora às vezes ele sugira que estas podem sobreviver nas pequenas cidades, onde metade dos franceses ainda vivem, o livro de Braudel termina com uma nota de tristeza pelos deslizamentos de terra que soterraram o mundo de aldeias onde ele cresceu. A sensação de perda é atenuada pelo credo estoico que o separava tanto dos marxistas como dos liberais: "Os homens dificilmente fazem sua própria história, é a história, pelo contrário, que os faz, absolvendo-os portanto da culpa".[28] Mas a conclusão da obra só pode pôr seu título em questão. Se o complexo histórico mais distintivo da França moderna desapareceu, o que ficou de sua identidade? Normalizada para um padrão comum de produção e de reprodução capitalistas avançadas, em que medida a França simplesmente perdeu o espírito que Braudel procurava?

A resposta é, por certo, que o que diferencia um país de outro é não somente a estrutura social, mas a cultura. Embora essas nunca sejam independentes uma da outra, há uma ampla gama de relações possíveis entre elas. Num extremo, o sistema de castas hindu – especificando papéis hereditários divinamente ordenados para todos os incumbentes na divisão de trabalho – poderia virtualmente fundir ambas. No outro, as sociedades capitalistas modernas podem assemelhar-se bastante umas às outras em todas as características estruturais – distribuição da força de trabalho, grau de urbanização, perfil demográfico, tamanho e funções do estado – permanecendo, ao mesmo tempo, significativamente diferentes em cultura: ninguém confundiria a Bélgica com o Japão. Na medida em que Braudel

---

27 *L'identité de la France*, II/2, p.427-30; *IF*-II, p.674-7.
28 Ibid., p.431; *IF*-II, p.679.

assumiu o que ele chamava de "perspectiva do presente" em suas reflexões históricas, poder-se-ia dizer que ele estava procurando a identidade da França no lugar errado, pois as correntes subterrâneas da população e da produção a longo prazo que ocupam seus dois volumes tendem a convergir com as de outros países. Era a sequência que ele não viveu para escrever, sobre política e cultura, que poderia ter trazido respostas menos sujeitas à erosão contemporânea.

Esta era, com efeito, a suposição, à sua própria moda, da literatura tradicional sobre caráter nacional. Hoje, esta é uma noção que caiu amplamente em desgraça intelectual. Suspeita-se que poucos leitores deste trabalho, se indagados à queima-roupa, afirmariam sua crença nela. Mas quantos teriam escrúpulos sobre o julgamento familiar: "tipicamente " – do estrangeiro ou amigo, na conversa cotidiana? Não há generalizações que pareçam a princípio tão indefensáveis, ainda que tão inevitáveis na prática. A sombra do preconceito que cai através delas já era sentida no Iluminismo. O primeiro autor importante sobre o assunto, David Hume, introduzia-o com a advertência de que "as pessoas vulgares tendem a levar todos os caracteres nacionais ao extremo", mas que essa não era uma razão para negar sua existência. "Homens de senso condenam esses julgamentos indistintos; embora, ao mesmo tempo, eles concedam que cada nação tem um conjunto peculiar de maneiras, e que algumas qualidades específicas são mais frequentemente encontradas entre um povo do que em seus vizinhos."[29] O objetivo de Hume era mostrar que o caráter nacional, assim entendido, era não um produto de ambiente geográfico fixo, mas de circunstâncias políticas, econômicas e diplomáticas mutáveis – "a natureza do governo, as revoluções dos negócios públicos, a abundância ou penúria em que vive o povo, a situação do povo em relação a seus vizinhos".[30] O máximo

---

29 "Of national characters", *Essays, Moral, Political and Literary*, Indianapolis, 1987, p.197; o ensaio foi escrito em 1742.
30 *Essays*, p.198.

que ele concederia ao clima seria talvez a maior inclinação dos povos do Norte ao álcool e os do Sul, ao sexo ("vinho e destilados aquecem o sangue gelado", enquanto "o calor do sol exalta a paixão entre os sexos").[31] De outro modo, eram os fatores morais e não físicos que contavam. Os ingleses seriam os mais variados em temperamento individual entre todas as nações do mundo, exibindo "menos que todos um caráter nacional, a menos que sua própria singularidade possa ser tomada como tal".[32] Esta variedade nada devia à incerteza de seu clima (compartilhado pelos menos conformistas escoceses), e tudo à natureza mista de seu governo (uma mistura de monarquia, aristocracia e democracia), à formação composta de seus governantes (reunindo pequena nobreza e comerciantes), ao número de suas religiões (qualquer seita podia ser encontrada) e à liberdade pessoal que tornava possível estes pluralismos. Com a substituição do território pelo temperamento, a diversidade aqui tornara-se a marca registrada da Inglaterra e não a da França.

Sua função lisonjeadora não deixava de ser notada então, não menos do que hoje em dia. Kant replicava que era precisamente a afetação inglesa de individualidade que expressava seu desprezo coletivo pelos estrangeiros, uma arrogância nascida da ilusão de autossuficiência. O caráter, de qualquer forma, não era tanto uma mera disposição factual como uma unidade normativa conseguida apenas por meio de coerência da conduta ética. "O homem de princípios tem caráter." Felizmente, os alemães eram conhecidos pelo seu bom caráter – combinando honestidade, indústria, profundidade, modéstia (ainda que com um toque de defe-

---

31 *Essays*, p.213. Concedendo que "a paixão pela bebida seja mais brutal e degradante do que o amor", Hume observou que "isto não dá uma vantagem tão grande aos climas do sul" como se poderia imaginar, na medida em que "quando o amor passa de um certo ponto, ele torna os homens ciumentos e corta o livre intercurso entre os sexos, do qual em geral pode depender profundamente a polidez de uma nação".
32 Ibid., p.207.

rência indevida e pedantismo).³³ Um século mais tarde, Nietzsche voltou a subir o nível. Comparados aos ingleses, "uma manada de bêbados e vadios que aprenderam outrora grunhidos morais sob a influência do metodismo e mais recentemente do Exército da Salvação", os alemães poderiam merecer sua cota de sarcasmos, embora eles sejam mais intangíveis, mais amplos, mais incalculáveis do que qualquer outro povo – a nação que acima de tudo escapa de definição.³⁴ A adaptabilidade da imagem é notável. Além dos Alpes, Vincenzo Gioberti pôde tecê-la com não menos destreza em sua explicação da *Moral and Civil Primacy of the Italians*. Primeira no mundo da ação, pelo papel da Igreja Romana, e nos domínios do pensamento, pela liderança em filosofia, teologia, ciência, estadismo, literatura e pintura, a Itália era "a nação-mãe da raça humana" cuja missão civilizadora era forjar a unidade do continente, pois afinal sua variedade a tornava "o espelho e síntese da Europa".³⁵ Entre tantos complementos autoatribuídos, um requisito fica em relevo. Leopardi, pelo menos, era imune ao conceito. Meditando sobre o caráter de seus compatriotas sob a Restauração, ele chegou à conclusão de que seu traço saliente não era a diversidade, mas a conformidade – sua infalível exibição de um cinismo imune à superstição medieval, embora incapaz de sociabilidade moderna, o produto de uma história fragmentada combinando os tipos errados de

---

33 *Anthropologie in pragmatischer Hinisicht* (1798), in: *Werke*, v.10, Darmstadt, 1983, p.625, 659, 667-70. De sua parte, Voltaire, na *Encyclopédie*, descobrira que os franceses são invejados pela Europa por seus modos galantes e urbanidade, por seu gênio talvez igual ao dos ingleses em filosofia e supremo em literatura (v.XV, edição de 1779, p.338-42). A principal discussão teórica das diferenças nacionais ocorre no substancial verbete sobre *moeurs* escrito por Marmontel, que discute seu impacto sobre – sucessivamente – governo, clima, atividade econômica, cidade e campo e classe.
34 *Jenseits von gut und böse*, Leipzig, 1896, p.222, 209; *Beyond Good and Evil*, London, 1967, p.211, 197.
35 *Il primato morale e civile degli italiani*, Bruxelas, 1843, v.II, p.399-401.

sofisticação e atraso.[36] Os costumes dos italianos exigiam antes reforma do que indulgência. Essas reflexões amargas não foram publicadas até o início do século XX.

Por esta época, no mundo novo dos armamentos industriais e dos estudos acadêmicos, o caráter nacional tornou-se objeto de importantes tratados teóricos nas potências competidoras. Três casos exemplificam essa mudança. Na França, Alfred Fouillée – um colega de Durkheim e membro porta-voz dos gabinetes solidaristas dos anos 90 – publicou seu *Esquisse psychologique des peuples européens* em 1902, o primeiro exame compreensivo dos diferentes temperamentos do continente. Seu objetivo patriótico, explicava ele, era informar mais integralmente os franceses sobre seus vizinhos, de modo que não se deixassem enganar ou predar por eles. Fouillée desconfiava dos russos e admirava os ingleses, embora criticasse seu egoísmo colonial – o livro contém um apelo à Entente Cordiale que foi negociada logo em seguida. Os próprios franceses destacavam-se por sua vivacidade amigável, seu espírito crítico, sua lógica apaixonada, sua fraternidade e generosidade para com outras nações – ainda que não bebessem muito e tivessem muito poucos filhos ("perdendo uma batalha a cada dia" contra os alemães).[37] Na galeria de tipos de Fouillée, os fatores estáticos da raça e do meio eram – contrariamente às suposições materialistas – menos importantes na formação do caráter nacional do que

---

36 *Dei costumi degli'italiani*, Venezia, 1989, p.141-9. A Itália era assim moralmente inferior tanto às nações que eram mais cultivadas e sociáveis que ela – França, Inglaterra, Alemanha – quanto às nações que o eram menos – Rússia, Polônia, Portugal, Espanha – porque estas ao menos retinham um *ethos* do passado, por mais bárbaro que pudesse ser. (Leopardi leva a cabo uma magnífica denúncia da intolerância religiosa e da opressão feudal: p.151-2). Estas reflexões foram feitas em 1824 e publicadas pela primeira vez em 1906.

37 *Esquisse psychologique des peuples européens*, Paris, 1902, p.331. Outro objetivo político do livro era refutar as teorias correntes da decadência das "raças neolatinas", estimuladas pelas derrotas da França, Espanha e Itália em Sedan, Baía de Manila e Adowa.

as *idées-forces* dinâmicas, transmitidas por cada elite às massas.

Fouillée estava, como isto sugere, precavido contra os perigos do marxismo. Cinco anos depois, Otto Bauer publicou sua volumosa obra sobre *A questão das nacionalidades e a Social Democracia* na Áustria. No centro dela, frequentemente esquecida hoje, havia uma construção teórica totalmente voltada à ideia de caráter nacional – um conceito que Kautsky e outros marxistas tinham como herético, mas Bauer considerava essencial resgatar da ode, do *feuilleton* e da taverna, se fosse para combater o nacionalismo eficazmente. Isto nunca poderia ser feito negando-se as especificidades autoevidentes de cada nação, mas somente explicando-as racionalmente como os muitos diferentes produtos da história – que Bauer procurou mostrar por meio de uma análise comparativa das origens sociais do empirismo inglês e do racionalismo francês como traços nacionais salientes, muito no espírito de Hume.[38] Tais traços eram sempre mutáveis, como podia ser visto no bastante recente declínio do *Gründlichkeit* tradicional alemão – ainda valorizado por Engels – num culto atemorizante do fato e da força. O caráter nacional era um termo descritivo para uma comunidade de cultura que incluía as artes e as ciências, a vida pública e os costumes sociais de um povo, mas, em uma sociedade dividida em classes, os trabalhadores eram sempre em alguma medida excluídos dela. O socialismo significaria pela primeira vez sua plena extensão e sua livre autodeterminação. Contrariamente às expectativas de muitos marxistas, isto levaria a aumentar e não a diminuir a diferenciação dos caracteres nacionais. Pois, enquanto as dimensões materiais da cultura iriam certamente tornar-se mais cosmo-

---

38 *"Die Nationalitätenfrage und die Sozialdemokratie"*, in: *Werkausgabe*, v.I, Viena, 1975, p.57-60. Kautsky, em particular, acusou Bauer de empregar a noção não marxista de caráter nacional, alegando que as nações eram definidas não por uma cultura comum, mas simplesmente por uma linguagem comum. Bauer não teve dificuldade em replicar.

politas, uma vez que a classe trabalhadora ganhasse poder, sua apropriação espiritual também se tornaria mais democrática – em outras palavras, naturalizada por meio de milhões de mentes e sensibilidades individuais a mais do que no passado, impedindo aquela assimilação convulsivamente rápida de modas estrangeiras típica de elites restritas, como os oligarcas Meiji.[39] Quanto mais popular uma cultura, mais nacional ela seria, sem prejuízo à solidariedade internacional do trabalho.

Na Inglaterra, foi um liberal quem deu ao tema o tratamento mais sistemático. Em sua obra sobre o *National Character*, publicado em 1927, Ernest Barker proporcionou um minucioso quadro teórico para sua análise e uma aplicação empírica de seu esquema à Inglaterra. Empregando uma distinção com frequência atribuída erroneamente a Marx (e nervosamente descartada pelos marxistas – ela, de fato, remonta a Harrington), Barker separava os fatores em formação em uma base material, compreendendo linhagem genética, situação geográfica e composição socioeconômica e uma superestrutura cultural, abrangendo direito e governo, religião, linguagem, literatura e educação. O segundo conjunto era mais significativo e mais passível de alteração consciente do que o primeiro. O caráter nacional assim formado era mais bem compreendido como uma "tradição" transmitida, ainda que opalina em sua quantidade de matizes.[40] Barker estava interessado nos contrastes regionais no interior da Inglaterra, notando a importância da divisão entre sul-leste e norte-oeste dos tempos anglo-saxões em diante. Mas ele achava que as pequenas dimensões do país haviam ajudado a manter as diferentes facetas dessa tradição mais congruentes entre si do que em outros lugares. As determinações-chave da tradição, acreditava ele, eram as

---

39 Ibid., p.166-70.
40 *National Character*, London, 1927, p.9, 270. Em seu tratamento geralmente sagaz da situação geográfica, Barker foi influenciado por Febvre: ele foi um dos primeiros leitores ingleses de *La Terre et l'evolution humaine*.

nítidas fronteiras marítimas dispensando a necessidade de um executivo forte; a evolução do direito comum, mais importante até que o parlamento para um espírito de legalidade e compromisso; a herança dividida da reforma religiosa, gerando o sistema bi-partidário e uma corrente pioneira de puritanismo; a inclinação ética e social de boa parte da literatura nacional e sua aversão à especulação; a preocupação das escolas mais com o caráter do que com o ensino. O resultado era um retrato do temperamento nativo previsivelmente, embora jamais de maneira tosca, benevolente. O império raramente intervém. As nações devem coincidir com os estados, pensava Barker, embora o Reino Unido não pense assim: ele registra suas ambiguidades com um prefixo delicado – a Escócia é uma nação que é algo como um quase-estado, a Inglaterra é um estado que é pelo menos uma quase-nação.[41] A fraqueza inglesa persistente era seu sistema educacional derivado da religião, dividido em classes, uma importante desvantagem nacional. Isto soa contemporâneo e Barker pressentia tempos de dificuldade econômica com o declínio das exportações britânicas tradicionais. Mas ele achava que as escolas deveriam estar preparando cidadãos não para um trabalho mais eficiente, mas para um lazer mais criativo. Nada data mais seu projeto do que isso.

Estas foram, de fato, as últimas tentativas ambiciosas de analisar os constituintes do caráter nacional. Não que a ideia tenha desaparecido, mas ela recuou aos poucos para a subcorrente do folclore e do *feuilleton*, de onde Bauer quis afastá-la. Pequenos tratados populares como o *Lion and Unicorn* de Orwell ou peças radiofônicas como *Englishness of English art* continuaram a ministrar modalidades convencionais de autoestima, enquanto as bibliotecas públicas ficaram repletas de obras de reportagem sobre *Os russos, Os alemães, Os italianos, Os franceses*, um gênero bem estabelecido

---

41 *National Character*, p.131. Barker era sensível ao papel do calvinismo na formação de uma cultura escocesa separada (p.188-94).

para satisfazer a curiosidade sobre os outros.[42] Mas obras de natureza mais densa e comparativa deixaram de aparecer. A subliteratura de André Siegfried, *L'ame des peuples*, de 1950 (tenacidade inglesa, engenhosidade francesa, disciplina alemã, misticismo russo) foi o resíduo lamentável de uma antiga tradição. Na altura dos anos 60, o caráter nacional já não era sério. Quais foram as razões para seu eclipse? Em seu apogeu, ele sempre se encaixara na ideia mais ampla de uma cultura nacional. Este termo foi raramente definido com muito rigor ao entrar em circulação geral no século XIX. Mas, com o tempo, chegou a incluir quatro ingredientes principais: costumes tradicionais, valores codificados, belas artes e objetos de uso cotidiano – *grosso modo*, os domínios da sociabilidade, moralidade, criatividade e consumo. (Paradigmaticamente, digamos: Fanny bebendo muita sangria no baile em Mansfield Park.) Na época de Hume, a ênfase recaía sobre os dois primeiros – maneiras e qualidades; na época de Bauer, o terceiro era frequentemente visto como o mais significativo – filosofia ou literatura; foi somente com o advento da etnografia doméstica de Observação de Massa que o último realmente recebeu o que lhe tocava, liberando a reprodução de Orwell dos *shillings* e cervejas ingleses.

Desde a Segunda Guerra Mundial, cada uma dessas contribuições tradicionais às culturas nacionalmente distintas da Europa ocidental tem estado sob pressão. O mundo-objeto de todos os países capitalistas ricos tem sido implacavelmente hibridizado ou homogeneizado, conforme os circuitos de produção e comércio internacionais foram crescendo e se difundindo. Os velhos significantes de diferença foram desaparecendo progressivamente. Primeiro, as roupas – os dias do chapéu-coco e da boina há muito já se foram; de um outrora extenso repertório, só sobrevive o *Tracht* austríaco, talvez porque ele sempre teve elementos de ele-

---

42 Ver, por exemplo, Luigi Barzini, *The Italians* (1964); Sanche de Gramont, *The French* (1969); Hedrick Smith, *The Russians* (1976), David Marsh, *The Germans* (1989).

gância. Depois a dieta – muito mais resistente ainda, mas a época em que anúncios de hambúrguer no Metrô podiam ser cobertos de grafiti do tipo *Français, Français, rejetez cette bouffe déshonorante*, também já passou: o *fast food* e a *nouvelle cuisine* em princípio estão em casa por toda parte. Depois a mobília – com a disseminação dos módulos do IKEA. Se os prédios foram menos afetados, a despeito do bloco de escritórios e do *service flat*, é sobretudo porque muitas casas pré--datam o mundo de pós-guerra ao invés de exibir estilos regionais correntes. Nas esferas da arte e da comunicação, a ascensão da imagem a expensas da impressão e a popularização relativa aos gêneros de elite criam cada vez mais uma única zona temporal do imaginário, ligado por fibra óptica. A língua, ainda de longe o mais forte dos cercados culturais, tem sido ultrapassada em pontos críticos. Entrementes, as disciplinas de socialização que outrora inculcavam códigos e maneiras nitidamente distintos, relaxaram: os sistemas escolares já não incorporam no mesmo grau ideais educacionais contrastantes; uma medida comum de progressismo, derivado de convicção ou desmoralização, envolve todos eles. As salas de aula, anteriormente concebidas como cadinhos de cultura nacional, tratam menos da nação, às vezes da cultura.

Se o caráter nacional era o precipitante humano de uma cultura nacional – a gama de qualidades e formas que ele encorajava – a diluição desta restringiu-se a desordenar ideias do primeiro. Mas, como ocorreu, a noção de caráter caiu independentemente sob suspeita por si só. Se sua mais poderosa versão havia sido outrora fornecida pela ficção realista, os primeiros ataques radicais contra ela vieram também da literatura, com a rejeição corrente a todo ego estável no modernismo do início do século XX, mesmo numa figura transicional como Lawrence. O impacto da psicanálise então debilitou ainda mais as assunções tradicionais do caráter individual como uma unidade moral. O termo já tinha sofrido desse modo uma certa perda de confiança como categoria pessoal na época em que as condições culturais mudaram em seu detrimento como um atributo nacional. Uma nova situação foi criada, na qual ambos poderiam ser repudiados. A lógica desta mudança foi levada recentemente à sua conclusão por ao menos um historiador, Theodore Zeldin. Crítico mordaz do empreeendimento de Braudel,[43] seu próprio estudo *Os franceses* desautoriza qualquer noção de coerência nacional ou individual, com base em que as pessoas estão ficando mais diferentes umas das outras do que jamais foram e mais desarticuladas em si mesmas. O resultado, ele entusiasma-se, é uma sociedade em que cada um pode encomendar um estilo de vida alegremente esfarrapado só para si: Durkheim posto para descansar, a anomia torna-se um luxo enquanto a França ingressa na "Era da Extravagância".[44] Por que os franceses deveriam continuar sendo assim chamados, do ponto de vista deste "pós-pluralismo", não é explicado – talvez isso mesmo uma extravagância. A única razão que sobrou para o livro pareceria ser a de que "todas as paixões humanas podem ser vistas em ação na França".[45] Poucos historiadores têm sido capazes de *noyer le poisson* assim dessa forma.

O que ocorreu ao invés disso foi uma mudança de registro. Durante a década passada, o discurso da diferença nacional deslocou-se do caráter para a identidade. Os dois termos são frequentemente tratados como se fossem intercambiáveis. Na verdade, suas conotações são significativamente distintas. O conceito de caráter é em princípio compreensivo, cobrindo todos os traços de um indivíduo, ou grupo; ele é autossuficiente, não necessitando de referência externa para sua definição; e é mutável, permitindo modificações parciais ou gerais. Em contraste, a carga da noção de identidade é mais seletiva, conjurando mais o que é voltado para dentro e essencial; relacional, implicando um certo elemento de alteridade para sua definição; e perpétua, indicando o que é continuamente o mesmo. Ao falarmos de

---

43 *London Review of Books*, 16 de março de 1989: uma nota sobre o primeiro volume do *The Identity of France*.
44 *The French*, London, 1983, p.342, 510.
45 Ibid., p.5.

indivíduos, tipicamente usamos o termo identidade de duas maneiras principais. Uma é quase ontológica, quando queremos sugerir o cerne mais profundo de uma personalidade. A outra é social e refere-se costumeiramente aos papéis na divisão do trabalho. Há uma tensão óbvia entre as duas. Comparada ao caráter, poderíamos dizer, a identidade aparece a um tempo mais profunda e mais frágil: metafisicamente fundamentada de uma maneira e ainda sociologicamente exposta e dependente de outra. Não é por acaso que na linguagem atual fala-se de uma "mudança" de caráter menos que de uma "crise" de identidade: o caráter não está geralmente sujeito à crise nem a identidade é passível de mudança – exceto no sentido capa-e-espada que a distingue ao invés de alterá-la. O que separa as duas concepções aqui não é apenas a diferença entre uma evolução e uma transformação. Há um outro contraste importante: a segunda deve incluir uma certa autoconsciência, enquanto a primeira, não. A identidade, em outras palavras, sempre possui uma dimensão reflexiva ou subjetiva, enquanto o caráter pode, no limite, permanecer puramente objetivo, algo percebido pelos outros sem que o agente esteja consciente dele.

O que prevalece no indivíduo serve para os povos. Se o caráter nacional era pensado como uma disposição estabelecida, a identidade nacional é uma projeção autoconsciente. Ela sempre envolve um processo de seleção, em que a massa empírica da vivência coletiva é destilada em uma forma armorial. A subjetividade aqui é inseparável da simbolização. Os símbolos capturam o passado e anunciam o futuro. A memória é crucial para a identidade, como não o é para o caráter. Da mesma forma que sua missão – a *raison d'être* de uma contribuição específica para o mundo, ao invés do mero *être* de uma existência particular em seu interior. Juntas, ambas dão à ideia de identidade nacional sua força eminentemente normativa. A noção de caráter nacional nunca foi em si puramente descritiva, pela razão indicada por Kant: que o caráter é também a virtude do autodomínio. Fouillé pôde dizer que discutiria apenas os lados bons do caráter francês, não para inflar seus conterrâneos, mas para incitá-

-los a viver para seus ideais.⁴⁶ Orwell, para quem retratar e louvar seus compatriotas era na maior parte a mesma coisa, sentia ainda que havia uma tarefa vital de elevação à frente – sua explicação deles tinha por meta "trazer a Inglaterra real para a superfície."⁴⁷ Aqui, como o título heráldico sugere, a obra de extração e sublimação já está mais próxima da borda da identidade nacional. O próprio termo de Orwell hesita entre as duas noções – o "gênio nativo". Mas seu apostrofar antecipa muitos dos temas da literatura ulterior: "A Inglaterra será ainda a Inglaterra, um animal duradouro estirando-se para o futuro e para o passado e como todas as coisas vivas, tendo o poder de mudar com o reconhecimento e, no entanto, permanecer o mesmo."⁴⁸ Decisivamente um unicórnio, e não um leão.

De uma maneira mais letrada, menos cruamente demagógica, a identidade nacional deveria assumir algo como este aspecto: fundindo o factual e o ideal, o mutável e o eterno. Braudel dá expressão eloquente ao resultado proteico. "O que, então, queremos dizer com a identidade da França – se não um tipo de problemática superlativa, se não central, se não a modelação da França por suas próprias mãos, se não o resultado vivo do que o interminável passado depositou, camada por camada, da mesma forma que a sedimentação imperceptível do leito do mar afinal criou as firmes fundações da crosta terrestre? Ela é, em suma, um resíduo, um amálgama, um produto de adições e misturas. É um processo, uma luta contra si mesma, destinada a prosseguir indefinidamente. Se cessasse, tudo cairia em pedaços. A nação pode ter seu *ser* somente ao preço de procurar por si mesma para sempre, transformar-se para sempre na direção de seu desenvolvimento lógico, testando incessantemente a si mesma contra outros e identificando-se com a melhor, a mais essencial parte de si mesma."⁴⁹ Aqui

---

46 *Esquisse psychologique des peuples européens*, p.445.
47 *The Lion and the Unicorn*, London, 1982, p.123.
48 Ibid., p.70.
49 *L'identité de la France*, I, p.17; *IF*-I, p.23.

a prosa, imitando as variações que evoca, alterna continuamente entre camadas de geologia e de deontologia – o que imemorialmente vem a ser e o que transcendentemente deve ser – como princípios de definição. *A identidade da França* pode nesse sentido ser vista como uma afirmação clássica do gênero, no que ele tem de mais digno e mentalmente aberto.

O que a ascensão do discurso da identidade nacional ocasionou? Parte da resposta está no próprio declínio da ideia de caráter nacional. Como suas perspectivas de resseguro pareciam oscilar em meio às mudanças sociais do pós-guerra, havia uma necessidade de algum substituto moral. A concepção mais restrita de identidade adequava-se bem a esse papel – sugerindo uma vinculação mais íntima, idealizada, do que os elos mais toscos do costume cotidiano. Mas havia um obstáculo. A identidade pode ser o conceito mais profundo, mas é também – tanto para as nações como para as pessoas – o mais frágil. A própria rigidez de sua projeção social, em umas poucas imagens acalentadas, a tornam presa de um tipo de angústia estrutural. Causas para esta não tardaram a vir. Os desenvolvimentos que pareciam solapar as bases do caráter nacional na Europa derivavam essencialmente do mercado. Mas em seus calcanhares vieram duas mudanças que afetaram o estado. A primeira foi a imigração em massa de zonas não europeias e a segunda, a consolidação da Comunidade Europeia. Questões de cidadania e soberania tocam os nervos da identidade nacional de maneira diferente das questões de consumo e diversão. O plano político simbólico é seu hábitat. O aumento da preocupação, erudita e popular, com a identidade nacional desde meados dos anos 80 deve ser compreendido contra este pano de fundo.

O livro de Braudel foi um de seus produtos. De todas as nações europeias, a França tem sido tradicionalmente a mais prolífica em autorretratos históricos que, desde a época de Guizot e Michelet, têm oferecido sucessivas versões do papel do país no mundo – detentor de cultura, ou liberdade, ou valor. Braudel situava-se acertadamente nessa tradição. Mas ele estava escrevendo também num contexto imediato.

Na altura da gestão Mitterand, a França havia perdido as ilusões de *grandeur* revividas com o governo magisterial de De Gaulle na Quinta República. Economicamente, ela já não dirigia uma política independente numa Comunidade dominada pela Alemanha. Diplomaticamente, ela ingressara nos quadros da Aliança Atlântica comandada pela América. Culturalmente, seu prestígio estava sendo mantido com uma produção de mau gosto de Londres ou Orlando. Ademais, dentro de suas fronteiras ela agora continha uma população de quatro milhões de muçulmanos norte-africanos, desafinando qualquer imagem racial e muitas imagens republicanas do país. A França fora outrora o grande país da imigração Europeia, capaz de assimilar poloneses, italianos, judeus e belgas como nenhum outro. Com os árabes do Maghreb seria diferente. O choque histórico que eles representam para os confortos do narcisismo deve ser medido em relação à natureza incomum da nação-estado francesa. Esquece-se com frequência que a França é o *único* grande exemplo de um antigo estado territorial coincidindo com uma comunidade nacional na Europa ocidental. A Alemanha e a Itália foram por muito tempo territorialmente divididos; a Inglaterra e a Espanha permanecem nacionalmente compostas. Nessas condições, estava estabelecido o cenário para a ascensão de Le Pen. Foi o feito eleitoral da Frente Nacional (vinte por cento em Marselha, quinze por cento nos *beaux-quartiers* de Paris) que forçou o vocabulário da identidade francesa para a agenda política. O livro de Braudel apareceu no início de 1986, cercado de volumes opostos ao longo do espectro ideológico do mesmo assunto – *L'identité française* organizado pelo Espaces 89 para a esquerda, em oposição ao *L'identité de la France* do Club de l'Horloge para a direita (advertido pelo prefeito de Nice, Jacques Médecin – que desejava que seus compatriotas prestassem mais homenagem a Apolo do que a Dionísio, antes de sua partida para os cassinos do Uruguai).[50] Imigra-

---

50 O principal ensaio do Club de l'Horloge, de Yvan Blot, estabelece

ção e educação, como era de esperar, estão no centro dessas discussões. Braudel também as enceta, decente e ligeiramente apreensivo, como os tópicos inevitáveis do dia. Foi nesse clima, de tensão comunal e confusão intelectual, que seu livro vendeu não menos que 400 mil exemplares – tornando-se em si um evento público.

No mesmo ano, a vida pública alemã foi abalada pela chamada Polêmica dos Historiadores, que irrompeu no verão de 1986. Formalmente, seu foco principal era o significado da Solução Final. Mas seu campo de batalha político substantivo – percebido como tal por todas as facções – era o futuro da identidade nacional. Os conservadores Michael Stürmer e Andreas Hillgruber argumentavam, com efeito, que os crimes do Terceiro Reich não cancelavam a posição tradicional e decisiva da Alemanha no centro do continente. A identidade nacional mais historicamente descontínua na Europa estava ainda ancorada geograficamente – os alemães continuavam a ser o povo do Meio, como Nietzsche os denominara, e sua reunificação não podia ser postergada indefinidamente.[51] Do outro lado da disputa, Hans-Ulrich Wehler e Jürgen Habermas rejeitavam qualquer definição geopolítica da nação como uma herança retrógrada do passado e que levara ao regime nazista.[52] Para Habermas, a identidade nacional alemã – e de fato qualquer identidade nacional moderna aceitável – podia apenas ser "pós-conven-

---

o tom: "L'identité de la France – une aspiration menacée". O título de abertura na coleção do Espaces 89 é "Les crises identitaires". Comentando o sucesso da Frente Nacional, Hervé le Bras explicava que as motivações do eleitorado de Le Pen não eram uma mera xenofobia superficial: "elas expressam também uma crise da identidade nacional"; *Les trois Frances*, p.66.

51 Michael Stürmer, "Deutsche Identität: auf der Suche nach der verlorenen Nationalgeschichte" e "Mitten in Europa: Versuchung und Verdammnis der Deutschen", in: *Dissonanzen des Fortschritts*, München, 1986, p.201-9, 314-30; Andreas Hillgruber, *Zweierlei Untergang*, Berlin, 1986, p.72-4.

52 Para a principal réplica histórica, ver Hans-Ulrich Wehler, *Entsorgung der deutschen Vergangenheit?*, München, 1988, p.174-89, 210.

cional", isto é, baseada numa recepção crítica de princípios universais. A explicação teórica da identidade aqui era baseada na psicologia da adolescência de Erikson e Kohlberg, uma peculiaridade da discussão alemã. Para Habermas, a forma política da maturidade coletiva seria um "patriotismo constitucional" penetrando apenas no Ocidente.[53] Os eventos logo revelaram o preço desta falta de senso histórico quando sua repetição pelo SPD três anos depois deixou Kohl senhor da unidade alemã.

Se na França o autoexame nacional era uma reação à perda de coerência e postura, na Alemanha a mesma preocupação significava um retorno ao poder e posição no mundo. O início dos anos 80 já tinha visto uma onda de antologias em que importantes acadêmicos debatiam o conceito de identidade nacional e sua forma na Alemanha.[54] Por trás dessa investigação estava o formidável sucesso econômico da República Federal. Os perigos desta conexão constituíam o argumento central do vigoroso estudo do jovem historiador inglês Harold James, *A German Identity*. Num esboço vívido, James sugere que historicamente as concepções dos alemães de sua identidade como uma nação deslocaram-se através de uma sequência de definições cul-

---

53 Jürgen Habermas, *Eine Art Schadensabwicklung*, Frankfurt, 1987, p.135, 173-4; *The New Conservatism*, Cambridge, Mass., 1989, p.227, 261-2.

54 Ver, por exemplo, *Die deutsche Neurose – über dia beschädigte identität der Deutschen*, Frankfurt, 1980 (patrocinada pela Siemens Stiftung); *Die Identität der Deutschen*, München, 1983 (editada por Werner Weidenfeld); *Die Last der Geschichte – Kontroversen zur deutschen Identität*, Kölu, 1988 (editada por Thomas Gauly). Esta última contém uma das raras reflexões comparativas sobre a forma mesma de identidade nacional, pelo destacado historiador clássico Christian Meier, que salienta ser ela ao mesmo tempo menos exaustiva do que a identidade coletiva que definia os cidadãos da cidade-estado grega (que carecia de uma gama de outros atributos), e mais consolatória – não tanto por conferir poder sobre o indivíduo pela participação ativa da comunidade, como por compensar pela ausência de poder por uma adesão altamente simbolizada a ela (p.61-2).

turais, para definições políticas e para definições econômicas no fim do século XVIII e durante o século XIX (*grosso modo*: de Herder para Mommsen e para Rochau), repetindo então o ciclo no século XX (de Mann para Hitler e para Erhard). Relativamente benigno como o atual orgulho pelo D-Mark possa ser, comparado à *hybris* do desempenho econômico do *Gründerzeit*, ele era uma base inerentemente não confiável para um sentido de identidade nacional, sujeita a movimentos decrescentes e desilusões. O que era necessário em lugar disso eram instituições políticas instáveis comandando uma densa rede de fidelidades tradicionais[55] – em outras palavras, o que Burke recomendava e Westminster proporciona. James critica incisivamente a miopia liberal de esquerda em relação à unidade alemã, mas suas próprias prescrições confundem legitimidade com identidade tanto quanto as de Habermas.[56] A constituição alemã é de fato bem mais democrática que a britânica, mas não é essa especificidade nacional que interessa tampouco – meramente uma ordem parlamentar genérica como tal que, por certo, de modo algum distingue a Alemanha de qualquer outro membro da OECD. Se o nacionalismo econômico é perigoso, tal patriotismo constitucional é vazio. Em meio à impiedosa trituração de regiões e classes do Leste na cantoneira da nova unidade, podemos estar certos de que não chegamos ao fim da busca pela identidade alemã.

Entrementes, em Oxford, as fileiras da *History Workshop* reunidas debatiam as mesmas questões a partir de uma perspectiva mais radical, em uma série de conferências de

---

55 *A German Identity*, London, 1989, p.4, 6, 9, 209.
56 "Die Nemesis der Einfallslogigkeit", *Frankfurter Allgemeine Zeitung*, 17 de setembro de 1990. Após a unificação, James com efeito inverte seu argumento original. Aqui já não são as instituições da democracia constitucional que fornecem as escoras necessárias da identidade nacional, mas os sentimentos de identidade nacional que devem sustentar a democracia na Alemanha Oriental que, de outro modo, corre o risco de descrédito a partir das inevitáveis dificuldades econômicas enquanto o capitalismo é introduzido.

1984 em diante. Os resultados finais foram publicados em três volumes sob o título *Patriotism – the Making and Unmaking of British National Identity* em 1989. Em seu profícuo ensaio diretriz, Raphael Samuel, seu organizador e editor, enfatizava o segundo desses processos. Distinguindo desde o início a identidade britânica da inglesa – como mais rígida e formal, suas conotações militares-diplomáticas-imperiais e não literárias ou rurais, mas também mais inclusiva para recém-chegados – ele argumentava que o apego a ela decrescera notavelmente desde a década de 1950. O desvanecimento da Commonwealth, o declínio ou desnaturalização de boa parte da economia, o descrédito do funcionalismo público, a marginalização da Igreja estabelecida, a desaparição do antiamericanismo, tudo isso trouxera uma perda geral do respeito por seus pontos tradicionalmente fixos. O que se multiplicara em compensação foram os inumeráveis esforços da indústria do patrimônio tradicional, secundada pela sensibilidade popular para conservar ou imitar o *bric-à-brac* do passado – das xícaras de baquelita aos montes de refugo das minas – e a vida folclórica que os acompanhava. A linguagem bombástica oficial em sua maior parte dera lugar à inofensiva nostalgia vulgar. A identidade nacional, observava Samuel, é sempre um ideal espasmódico nas vidas dos indivíduos; mas talvez, ele sugeria, suas formas tenham sido sempre mais variegadas na Grã-Bretanha do que em outros lugares, graças à ausência da pressão submetedora de invasões[57] – uma conjetura na qual ainda corre a imaginação amável de Hume.

A alternativa mais aguçada a esta visão de deterioração patriótica em pluralismo sentimental ameno veio de Tom Nairn. A devoção monolítica dos britânicos à sua monarquia, sugeriu ele, cujo culto intensificou-se no período do pós-guerra, dificilmente se ajusta a este fenômeno. O estudo

---

57 "Introduction; Exciting to be English", *Patriotism – the Making and Unmaking of British National Identity*, v.I, *History and Politics*, London, 1989, p.XV.

de Nairn sobre a fixação real, *The Enchanted Glass*, é de fato a mais profunda exploração dos mecanismos de identificação nacional que possuímos. Mas o que o impulsiona é precisamente o fato de o caso do Reino Unido ser anormal – a monarquia funcionando como um substituto fetichizado para um apego comum à nação-estado, bloqueado pela jurisdição mista e pelo arcaísmo constitucional da Grã-Bretanha. Se a construção de qualquer identidade nacional inclui projeção de umas poucas características selecionadas de experiência histórica sobre um plano emblemático, aqui – sugeriu Nairn – a rigidez excepcional do investimento simbólico deveria ser explicada, como no fetichismo propriamente dito, pela proibição do todo pelo qual a parte mágica passa a valer: "um nacionalismo democrático e igualitário".[58] A normalidade deste último pode ser posta em dúvida – os adjetivos encaixam demasiado suavemente ao substantivo; as ideologias da unidade nacional têm frequentemente servido para mascarar divisões e desigualdade sociais. Mas a força central do diagnóstico é muito efetiva. Em meio a contínuas dificuldades econômicas e uma brumosa integração Europeia, a Grã-Bretanha não escapou de modo algum das angústias modernas da identidade nacional, como o espírito de Bruges e os *lobbies* curriculares podem testemunhar; ela apenas as moldou em suas próprias formas congeladas.

Essas tensões têm sido mais agudas nos três países principais da Europa ocidental, os grandes estados com um passado recente hegemônico. Elas são significativamente menores nos dois países da categoria seguinte. A Itália, com seu longo sentido de desconexão entre vida popular e instituições públicas, não conheceu uma situação comparável em relação à identidade nacional. O diálogo de Pavese – "Você ama a Itália?" "Não. A Itália não. Os italianos."[59] – ainda expressa uma atitude difundida. Acompanhando-a, o prin-

---

58 "Britain's Royal Romance", *Patriotism*, v.III, *National Fictions*, p.81-4.
59 *The House on the Hill*, London, 1956, p.80-1.

cipal texto sobre o assunto é o cáustico ensaio *L'italiano. Il carattere nazionale come storia e como invenzione*, de Giulio Bollati, um estudo dos projetos, no *Risorgimento*, de engenharia cultural e suas sequências, como os esforços sucessivos de um *trasformismo* manipulativo para criar um povo italiano adequado ao Estado italiano.[60] Na Espanha, onde outrora Unamuno e Ortega angustiavam-se com a essência da nação — consistiria sua falha de um culto da pureza isoladora ou de uma carência de elites que lhe dessem um suporte? — e onde Américo Castro e Claudio Sánchez-Albornoz iriam mais tarde seguir sua "morada histórica" remontando aos recessos medievais da intercomunhão judeu-árabe-cristã ou às origens de seu "enigma" na névoa de uma *españolía* romana ou visigoda,[61] domina agora um robusto pragmatismo. Em nenhum outro país, os prósperos e educados estão tão determinados a se desvencilhar de tudo o que foi anteriormente tido como características nacionais (culto do orgulho, desdém pelo trabalho, austeridade, fanatismo etc.). Aqui, como também na Itália, a integração Europeia representa uma mobilidade nacional ascendente e não decadente — uma oportunidade de elevar-se acima da identidade nacional, mais do que uma ameaça potencial a ela. O único Primeiro Ministro pensando em trocar seu posto pela Presidência da Comissão está em Madri.

Abaixo desses dois, estendem-se os estados menores, que já constituem uma maioria dos membros da Comuni-

---

60 O texto era originariamente uma contribuição para o primeiro volume da *Storia d'Italia*, editada pela Einaudi, Torino, 1972, e amplamente inspirado pelas tradições dos *Annales*; foi publicado em forma de livro em 1983.

61 *En torno del casticismo*, de Unamuno, foi publicado em 1912; *España invertebrada*, de Ortega, em 1922; *La realidad histórica de España*, de Américo Castro, em 1954; *España, un enigma histórico*, de Sánchez-Albornoz, em 1962. Para uma reação tônica a esta tradição polêmica, ver Julio Caro Baroja, *El mito del carácter nacional*, Madrid, 1970, que ilustra a formação de estereótipos de hispanicidade desde a Renascença.

dade e que tende ainda a aumentar.[62] Tenderá o número deles a multiplicar os alarmes de identidade nacional, ou a abafá-los gradualmente? Esta é a Europa da ejaculação irônica de Hans Magnus Enzensberger. Seu *tour* do continente, tranquilo nestes anos, circulava em torno da periferia da Escandinávia através da Polônia para Portugal, ignorando num gesto elegante todos os três poderes centrais. A ousadia da seleção tem seus limites: como nas simpatias convencionais da época, os Bálcãs permanecem fora dos limites. Mas foi demasiado para o editor americano, que eliminou grosseiramente o maior e mais revelador capítulo do livro nas edições em língua inglesa, talvez porque ele era dedicado ao menor dos países, a Noruega – que era o que o autor conhecia melhor. A reportagem de Enzensberger desenvolve-se por vinhetas, anedotas, *boutades*, descartando comparações ou conclusões por indagações e especulações. Suas colagens interpretativas de cada país evitam qualquer

---

[62] São estes que inspiraram a obra prima inquestionável entre os escritos históricos sobre identidade nacional, o estudo de Simon Schama da cultura holandesa na Idade de Ouro. *The Embarassment of Riches*, London, 1987. A realização específica desta obra está no tratamento nítido que Schama dá à identidade holandesa como um elaborado constructo normativo levado a cabo pela lenda, tratado, imagem, sermão, a partir de uma gama de materiais empíricos – a localização marítima e os perigos militares, a fortuna comercial e os escrúpulos religiosos e certos costumes caseiros da República – que asseguraram sua poderosa aura de realidade fenomenológica. A objeção é de que o livro minimiza as divisões na sociedade holandesa e, em certo sentido, confunde seu objeto – um imaginário social designado para ser à prova delas. As dimensões da Holanda têm sem dúvida algo a ver com o sucesso do estudo. Talvez a que seja a mais vívida contribuição à literatura contemporânea da identidade nacional lida com um outro pequeno país: Anton Pelinka, *Zur Osterreichischen Identität*, Wien, 1990, uma cáustica pesquisa da variedade de projeções da Áustria, desde os anos do pós-guerra quando a afirmação da diferença nacional tornou-se uma proteção contra a memória do Ostmark, até as incertezas do presente – a identidade austríaca como ponte na Europa central, ou pretendente à CE, ou extensão da unidade alemã, ou êmulo da Suíça.

afirmação ou retrato pretensiosos. Dificilmente há alguma menção de identidades nacionais e o caráter nacional é posto inteiramente sob suspeição. "Poderia algo ser mais estéril do que o estudo da 'psicologia nacional', aquela pilha mofada de estereótipos, preconceitos e *idées reçues*?"[63] Contudo, ele tipicamente acrescenta, "é impossível desalojar estes tradicionais gnomos de jardim" – que, mesmo em suas páginas, fazem uma ou outra aparição: os dóceis suecos ou os tolerantes portugueses. Mas o que *Ach Europa*! realmente oferece é algo mais: um caleidoscópio de costumes discretamente agitado sob o olhar de um político. Os esboços volúveis de Enzensberger têm uma mensagem decisiva: eles revelam ojeriza da ditadura burocrática e reserva em relação à restauração clerical no Leste; e suspeita do estado do *welfare*, planejamento social, produção em massa, indústria pesada, partidos tradicionais, extremismo ideológico no Ocidente. O país em que esses valores estão mais perto de serem realizados é a Noruega, sobre a qual Enzensberger escreve com uma afeição íntima: uma nação, ele diz, a um tempo atrás e à frente do resto da Europa, museu de folclore e laboratório do futuro, "monumento à obstinação e ao idílio melancólico",[64] cujos arranjos sociais podem ainda resgatar as ideias utópicas de Marx.

A Noruega foi também, por certo, o único país a rejeitar participação na Comunidade Europeia por voto popular. Consistente com seu desagrado com tudo o que é muito grande e sistemático. Enzensberger não demonstra inclinação alguma a encontrar o antídoto para as pretensões de Paris, Londres ou Bonn em Estrasburgo, sem falar de Bruxelas, como outros de sua geração da esquerda têm feito. Em sua conclusão imaginária, retratando o continente em 2006, a unidade Europeia é posta de lado tão lepidamente como o foi a identidade nacional no relato real que a precede. Com

---

63 *Ach Europa!*, Frankfurt, 1987, p.105; *Europe, Europe*, New York, 1989, p.76.
64 *Ach Europa!*, p.310-4.

os tiranos comunistas depostos e as tropas americanas tendo partido, a Comissão é pouco mais que cerimonial, enquanto a Europa — as loucuras da integração esquecidas — espalha-se num cantonalismo compatível. Um modesto *Kleinstaaterei* é bem-vindo para todos, exceto os reincidentes franceses. Os povos da Europa são poupados do poder mundial, que — como o destino contínuo dos EUA demonstra — sempre transformou em um cretino coletivo quem dele desfruta.

A guerra no Oriente Médio pôs à prova esta proposição, onde se poderia pensar que seu autor, esquecendo de si mesmo, momentaneamente a ilustrou. Diagramaticamente, a resposta política oposta à expedição aliada veio de Régis Debray, o autor da esquerda cuja visão teórica do futuro das nações e da Europa constitui a mais notável antítese à de Enzensberger. Salientando o quão é venerável a tradição de comparar ditadores do Oriente Médio a Hitler (era a imagem padrão de Nasser na época de Suez), e o quão profundamente Mitterrand esteve envolvido na propaganda e repressão da Quarta República no Norte da África, Debray repudiou a participação francesa no ataque ao Iraque; a linha à qual a França deveria aderir era a tradição contrária representada por De Gaulle.[65] Debray havia acabado de dedicar um livro programático ao General, *A demain De Gaulle*, cuja pretensão era reivindicar sua inspiração para uma política contemporânea da esquerda francesa. Para Debray, De Gaulle foi o estadista que melhor compreendeu que os agentes principais da história moderna — contrariamente às crenças liberal e marxista — não são nem ideias nem classes, mas nações. Isto não era um nacionalismo bitolado ou irracional. De Gaulle evitava o vocabulário do chauvinismo francês, nunca mencionando raízes nativas ou corpos estranhos. "O termo *identidade* nacional lhe era estranho."[66]

---

65 "La guerre — lettre ouverte aux socialistes", *Le Nouvel Observateur*, 14-20 de fevereiro de 1991; compare Hans-Magnus Enzensberger, "Hitlers Wiedergänger", *Der Spiegel*, 4 de fevereiro de 1991.

66 *A demain De Gaulle*, Paris, 1990, p.96.

O General não acreditava em nenhuma essência fixa da França – ele era um existencialista da nação, convencido de que ela poderia fazer de si mesma o que quisesse dentro das possibilidades históricas proporcionadas pelo seu passado. Debray contrasta o que ele vê como a concepção de De Gaulle com as tradições opostas do contratualismo (americano) iluminista e do romantismo (alemão): para o líder da França Livre e fundador da Quinta República, a nação não era nem um pacto jurídico artificial nem uma comunidade cultural orgânica, mas sim uma "herança simbólica" reunindo um passado e uma vontade, uma linguagem escolhida por ninguém e uma legislatura eleita por todos. O signo desta síntese era a peculiar mistura do romântico e do clássico no apelo de De Gaulle a seu povo, que combinava o calor de um *rassemblement* com a frieza de um *Reichsstaat*. Seu fruto era um realismo caracteristicamente sóbrio, mas deliberado na conduta dos negócios estrangeiros, que fazia de De Gaulle o estadista com a visão mais abrangente de sua época – a qual ainda não passou.

A lição desta experiência, argumenta Debray, é a permanência da paixão nacional como uma força motriz da vida política mesmo no mundo do consumo *high tech* e da integração internacional que caracterizam o capitalismo europeu de hoje – sem falar dos países externos além dele, do Báltico ao Mar Negro e ao Mediterrâneo. O progresso da tecnologia não produz uma mentalidade isenta de sonho. Nas sociedades pós-comunistas ou pós-coloniais, a chegada do moderno tipicamente detona a erupção do arcaico como compensação – as filas se formam em Moscou, tanto para o McDonald's como para a igreja de São Basílio. Em condições pós-industriais, a mesma dialética pode ser mais benigna. Liberadas das pressões materiais mais antigas, as pessoas procurarão acima de tudo recuperar a si mesmas, em novas formas de cultura nacional tornadas muito mais preciosas pelo nexo de comodidade global que as abrange. Quanto mais Europeia a Comunidade se torna, mais inventiva e conscientemente distintos seus membros buscarão ser, como nações em si mesmas. Aqui cabe o eco de Bauer: pois

173

o outro lado do livro de Debray é uma firme declaração do que o socialismo deveria ainda significar no mundo contemporâneo, além dos compromissos tímidos dos governos locais de esquerda.

Os diferentes diagnósticos destes autores apontam para uma ambiguidade central da racionalização capitalista e suas insatisfações, que só os eventos podem resolver. Se as preocupações de identidade nacional são um produto da erosão material de muito do que foi outrora pensado como o caráter nacional, será que o progresso ulterior de uma modernidade cosmopolita vai dissolvê-las ou intensificá-las? Em sua recente pesquisa intitulada *Nations and Nationalism since 1750*, Eric Hobsbawm conclui que a coruja de Minerva voou agora sobre elas.[67] Nos céus da URSS e da Europa do Leste, alguns mais prontamente detectariam o procelária, outros, o albatroz. As hipóteses rivais estão, em todo caso, em vias de serem testadas em dois imensos teatros experimentais – a desintegração do antigo mundo soviético e a integração da metade ocidental da Europa. O capitalismo e a nação-estado são mais ou menos coevos. Havia outrora aqueles que pensavam que ambos pereceriam juntos, ou que a segunda sobreviveria ao primeiro. Agora se considera mais geralmente se o capitalismo não é definitivo, e se as nações-estado não estariam destinadas a se tornarem nominais. As respostas a estas questões não serão necessariamente as mesmas. Elas constituem as duas principais incógnitas da política do *fin de siècle*.

---

67 *Nation and Nationalism since 1750*, London, 1990, p.183.

SOBRE O LIVRO

Coleção: Ariadne
Formato: 12 x 21 cm
Mancha: 20,6 x 43 paicas
Tipologia: Garamond 11/13
Papel: Pólen 80 g/m² (miolo)
Cartão Supremo 250 g/m² (capa)
1ª edição: 1996

EQUIPE DE REALIZAÇÃO

Produção Gráfica
Edson Francisco dos Santos (Assistente)

Edição de Texto
Fábio Gonçalves (Assistente Editorial)
Dalila Maria Pereira Lemos (Preparação de Original)
Nelson Luís Barbosa (Revisão)
Oitava Rima Prod. Editorial (Atualização Ortográfica)

Editoração Eletrônica
Oitava Rima Prod. Editorial

Projeto Visual
Lourdes Guacira da Silva Simonelli

Impressão e acabamento